财政部规划教材
全国中等职业学校财经类教材

场景化企业模拟经营

陈二军　主　编
邵燕珠　副主编

中国财经出版传媒集团
中国财政经济出版社

图书在版编目（CIP）数据

场景化企业模拟经营／陈二军主编；邵燕珠副主编
. --北京：中国财政经济出版社，2023.7（2025.1重印）
财政部规划教材　全国中等职业学校财经类教材
ISBN 978 - 7 - 5223 - 2234 - 6

Ⅰ.①场…　Ⅱ.①陈…②邵…　Ⅲ.①企业管理－计算机管理系统－中等专业学校－教材　Ⅳ.①F272.7

中国国家版本馆 CIP 数据核字（2023）第 095784 号

责任编辑：王佳欣　　　　　　通　读：杨　波
封面设计：卜建辰　　　　　　责任校对：胡永立

场景化企业模拟经营
CHANGJINGHUA QIYE MONI JINGYING

中国财政经济出版社 出版

URL: http://www.cfeph.cn
E - mail: cfeph@cfeph.cn

（版权所有　翻印必究）

社址：北京市海淀区阜成路甲 28 号　邮政编码：100142
营销中心电话：010 - 88191522
天猫网店：中国财政经济出版社旗舰店
网址：https://zgczjjcbs.tmall.com
廊坊佳艺印务有限公司印刷　各地新华书店经销
成品尺寸：210mm×285mm　16 开　11.75 印张　242 000 字
2023 年 7 月第 1 版　2025 年 1 月河北第 2 次印刷
定价：45.00 元
ISBN 978 - 7 - 5223 - 2234 - 6
（图书出现印装问题，本社负责调换，电话：010 - 88190548）
本社质量投诉电话：010 - 88190744
打击盗版举报热线：010 - 88191661　QQ：2242791300

前　言

"场景化企业模拟经营"是职业院校财经商贸类专业的通识课程。通过本课程的学习，可以让学习者较好地模拟体验企业经营过程，理解企业典型工作任务，掌握岗位工作的内容与要求，提升职业综合素质，从而为其他专业课程的学习奠定坚实基础。

本教材依据财经商贸类相关专业教学标准和相关职业岗位（群）的典型工作任务及职业能力，基于岗位工作及职业成长规律，结合初学者的实际情况及需要而设计。本教材深入贯彻党的二十大精神，落实立德树人根本任务，注重培养学生的问题意识、系统思维和创新思维。教材以创新创业为背景，以不同职位的岗位职责和任务为主线，通过场景模拟、角色扮演、业务演练等形式，采用任务驱动、分组对抗、教学做一体等方式，融入财经素养、思维训练和团队建设等元素，让学习者深度参与场景化企业模拟经营，全面学习企业经营管理的理论与知识。

本教材主要特色与亮点如下：

（1）体系完整，体例活泼。围绕场景化企业模拟经营，本教材从模拟企业场景开始到最后六个年度运营，全流程全业务模拟企业经营，可以让学习者树立系统思维、全局意识。教材中采用学习者喜闻乐见的卡通人物形象及业务场景，营造了良好的场景化氛围，便于调动学生学习兴趣，营造学习氛围。

（2）学习者为主体，任务为驱动。本教材以学习者为中心，充分考虑到学习者的认知规律和职业成长规律，内容设计以任务为驱动，以活动为主线，由浅入深、循序渐进、螺旋提升，有利于学习者自主学习及合作学习。

（3）对接岗位，业务典型。本教材融入相关岗位（群）的典型工作任务，将职业知识、技术技能及职业素养呈现于具体的教学任务中，便于学习者对接岗位职责，理解工作内容，构建专业知识和职业能力。

（4）素材整合，目标多维。本教材整合了财经素养、业务流程、团队管理、思维训练等多种素材，素材之间相互支撑、相互融合，便于学习者达成多维目标，培养综合能力。

本教材共有 5 个模块，建议总课时为 36 学时，各模块学时分配见下表（仅供参考）。有条件的学校可以开展集中实训，建议集中实训时间为一周。

教学模块	教学任务	学时
模块一：模拟开局 启航未来	模拟企业场景，扮演岗位角色，认识企业运作，明确经营周期和业绩评价	2
模块二：组建团队 创立企业	组建团队，岗位分工，成立企业	2
模块三：创业起步 排兵布阵	完成企业筹建，认识商业规则，熟悉表单填制	4
模块四：商业对战 能力升级	第一年：感性认知	4
	第二年：理性思考	4
	第三年：数据决策	4
	第四年：开源节流	4
	第五年：科学管理	4
	第六年：全面发展	4
模块五：探悟本质 面向未来	复盘回看 总结过去	2
	回归本质 面向未来	2
合计		36

本教材由陈二军老师担任主编，邵燕珠老师担任副主编。邵燕珠老师编写了模块一、模块二、模块五，罗奕奕老师编写了模块三，周海翔编写了模块四的第一年和第二年，李洁煌编写了模块四的第三年和第四年，黎嘉伟编写了模块四的第五年和第六年。全书由陈二军老师提出编写思路，拟定大纲和撰写要求，并负责对全书内容进行修正和定稿。新道科技股份有限公司、广东翰智数字科技有限公司等企业为本教材提供了宝贵的资源和建议，在此一并表示衷心的感谢。

本教材为用书学校任课老师提供了电子资源，请以电子邮件形式向中国财政经济出版社索取（请注明：学校、全书名、版次），E－mail：caijingjiaocai@163.com，亦可登录如下网址下载 http：//jiaocai.cfeph.cn。

限于编者水平，教材中疏漏之处在所难免，恳请广大读者批评指正。

编者
2023 年 7 月

目 录

模块一　模拟开局　启航未来 ... 1

活动一　模拟企业场景 ... 3
活动二　扮演岗位角色 ... 6
活动三　认识企业运作 ... 8
活动四　明确经营周期和业绩评价 ... 12

模块二　组建团队　创立企业 ... 15

活动一　活动打卡 ... 17
活动二　组建团队 ... 18
活动三　岗位分工 ... 20
活动四　成立企业 ... 23

模块三　创业起步　排兵布阵 ... 29

活动一　活动打卡 ... 31
活动二　完成企业筹建 ... 32
活动三　认识商业规则 ... 37
活动四　熟悉表单填制 ... 43

模块四

商业对战　能力升级　　47

第一年
感性认知　　49

活动一
活动打卡　　50

活动二
挖掘商业机会　　51

活动三
完成企业第一年经营与核算　　53

活动四
企业信息收集与团队总结　　61

第二年
理性思考　　65

活动一
活动打卡　　66

活动二
体验经营循环　　67

活动三
完成企业第二年经营与核算　　70

活动四
企业信息收集与团队总结　　78

第三年
数据决策　　81

活动一
活动打卡　　82

活动二
善用数据说话　　83

活动三
完成企业第三年经营与核算　　85

活动四
企业信息收集与团队总结　　93

第四年
开源节流　　97

活动一
活动打卡　　98

活动二
认识利润的来源　　99

活动三
完成企业第四年经营与核算　　103

活动四
企业信息收集与团队总结　　111

第五年
科学管理　　115

活动一
活动打卡　　116

活动二
培养财务思维　　117

活动三
完成企业第五年经营与核算　　120

活动四
企业信息收集与团队总结　　128

第六年
全面发展　　131

活动一
活动打卡　　132

活动二
洞察平衡之道　　133

活动三
完成企业第六年经营与核算　　137

活动四
企业信息收集与团队总结　　145

模块五 探悟本质 面向未来 — 149

活动一 复盘回看 总结过去 — 151

活动二 回归本质 面向未来 — 156

附录 — 157

附件1 企业广告费用登记表 — 159

附件2 运行记录表 — 161

附件3 个人实力榜 — 175

附件4 商战人才榜 — 177

附件5 商业竞争力排行榜 — 179

模块一
模拟开局　启航未来

情境导航

你的梦想是什么？
你的职业目标是什么？
你想过自己创业吗？
你对未来的工作有什么样的憧憬？
不管你此刻是目标坚定，还是犹豫迷茫，
接下来，你都可以跟随大家来一场职业体验之旅。
在这场模拟企业经营中，认识自我、挖掘潜能、分析总结，
为自己制定一份职业生涯规划。

活动一 模拟企业场景

活动介绍

您好,欢迎来到虚拟梦工厂创业园,我是人工智能创业助理,我将为您提供全方位的创业咨询和企业运营服务。

一、商业场景模拟

为了体验完整的企业创立和经营流程,这里构建了一个虚拟梦工厂创业园商业环境(见图1-1),模拟整个商业场景。在这个场景化的商业环境里,我们可以结合自己的所长,发挥优势,运用所学知识,创造非凡的商业体验之旅。

图1-1 虚拟梦工厂创业园商业环境

在整个创业园区设有银行、市场监管局、原材料供应商、客户、设备供应商以及八块企业规划用地。国家鼓励创新创业,场景式企业模拟经营是一项会给你带来意外惊喜的项目,大家不妨组团来体验一下。八块规划用地等你来开发,谁能抢占先机、拔得头筹,谁就能笑到最后,让我们拭目以待。

创业园区周边的商业环境以及和企业的关系(见图1-2),请你尝试填写一下。

二、企业场景模拟

我们生活中的每一件商品都来自企业的创造,企业在我们的生活中承担一个非常重要的角色，满足了日常各种需要。企业是一个独立的社会组织，依赖于一定的商业环境而存在。

在这个虚拟梦工厂创业园中，我们可以创建八家企业，让我们一起来看看企业都有哪些部门（见图1-3）。

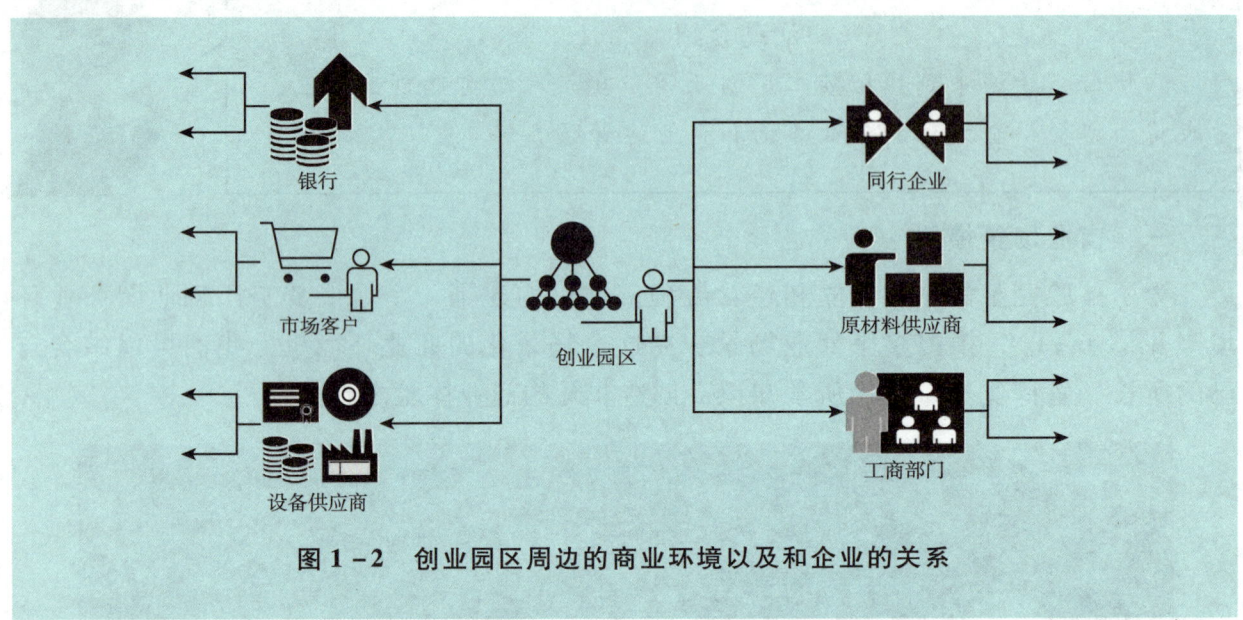

图1-2 创业园区周边的商业环境以及和企业的关系

图1-3 企业中的部门设置场景图

企业的职能部门一般包括：总经理办公室、行政部、财务部、销售部、生产部和采购部等，这些功能各不相同，同时又相互联系在一起的、完善的职能部门构成了企业运行和创造财富的主体。

你知道这些企业内部各部门的主要工作内容吗？请你尝试填写图1-4中的内容。

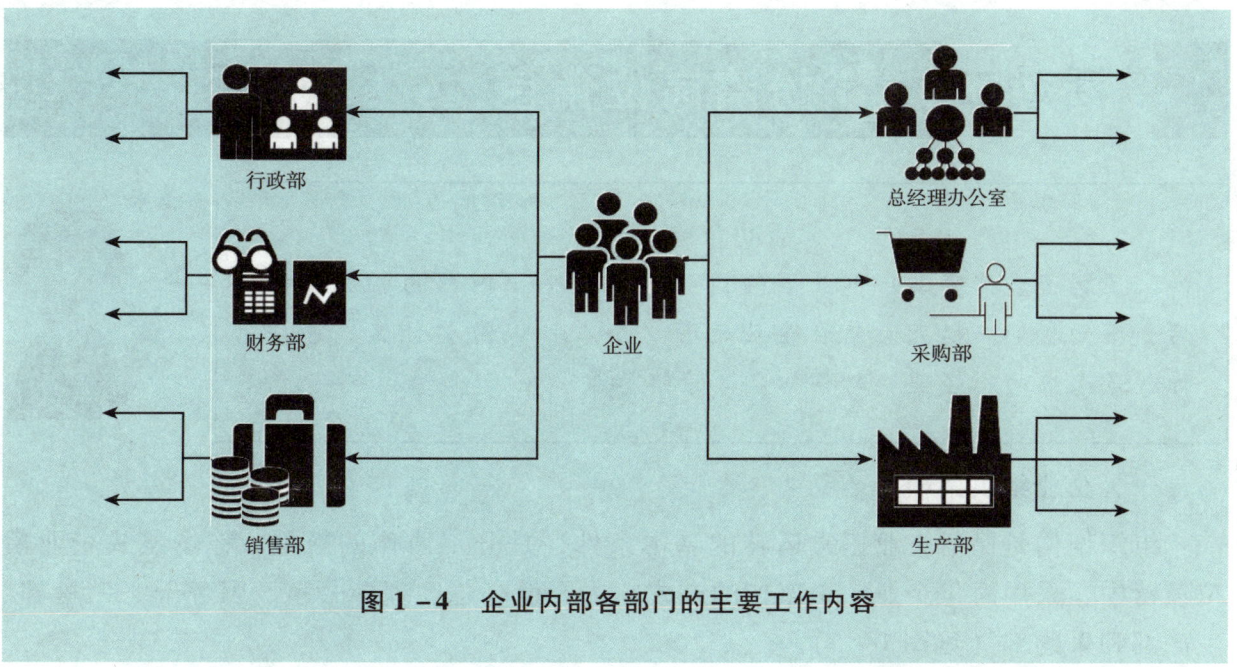

图1-4 企业内部各部门的主要工作内容

活动二 扮演岗位角色

活动介绍

了解了虚拟梦工厂创业园的商业环境和企业内部的相关部门后，下面我们一起来看看在企业运营中个人可以做些什么。也许你就是未来的总经理、财务总监、营销总监……

一、企业组织架构

组织架构是保证企业正常运转的基本条件，是分工协作的前提。在场景式企业模拟经营中，采用简化企业组织架构的方式，主要设有总经理办公室、财务部、销售部、生产部和采购部（见图1-5）。

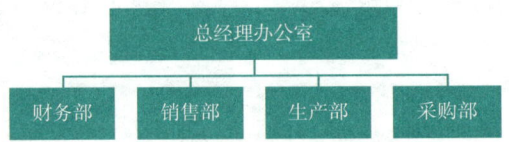

图1-5 简化企业组织架构的方式

（1）总经理办公室。总经理办公室是企业的决策机构，对企业整体运营负责。具体涉及企业的战略制定、团队管理、过程管理、协同管理等内容。

（2）财务部。财务部是企业的重要职能部门，重点管理企业的资金。具体涉及企业的资金管理、往来管理、费用管理和报表核算等内容。

（3）销售部。销售部是企业的先头部队，重点管理企业的市场。具体涉及企业的市场开拓、营销策划、订单管理、货款回收等内容。

（4）生产部。生产部是企业的制造中心，重点管理企业的厂房和设备。具体涉及企业的设备采购、生产管理、研发管理、在制品管理等内容。

（5）采购部。采购部是企业物料的供应部门，重点管理企业原料供给。具体涉及企业的材料订购、材料库存管理、材料付款等内容。

小贴士

一台机器之所以运转自如，关键在于齿轮。每个齿轮都是有凹有凸的，运行的时候能够互相补足，从而产生动力。精致的齿轮用于钟表，分毫不差地记录时间。如果每个部门都像齿轮一样互动运转，一个企业就会步调一致；如果每一个人都能像齿轮一样紧紧咬合，一个团队就会充满活力。齿轮象征着团结合作，它是配合得天衣无缝的艺术设计。齿轮精神，正是我们在企业经营中需要学习的精神。

——齿轮精神

二、岗位角色

根据企业部门的情况,在场景化企业模拟经营中设置了总经理、销售经理、财务经理、生产经理、采购经理五个角色。各团队如多于五人,还可以设置财务助理、销售助理等角色。

财务经理　销售经理　总经理　生产经理　采购经理

图 1-6 岗位角色设置

（1）总经理负责总经理办公室的相关工作。具体开展团队建设、落实企业战略、布置具体工作任务,推进企业目标达成等工作。

（2）财务经理负责财务部,具体开展融资、费用控制、日常业务登账、利润核算等工作。

（3）销售经理负责销售部,具体开展市场调研、广告方案制定、签订销售订单、按合同交货、跟进货款等工作。

（4）生产经理负责生产部,具体开展生产线购置、产品研发、在产品投产与更新、产能计算等工作。

（5）采购经理负责采购部,具体开展原材料预订、原材料购买、支付材料款等工作。

请你根据企业相关部门的职责描述,连线判断下面行为属于哪些部门?

连连看

向银行贷款
付款给供应商　　　　　　　　　　　总经理办公室
组织年度规划会议　　　　　　　　　财务部
研发新产品　　　　　　　　　　　　销售部
广告投放　　　　　　　　　　　　　生产部
购买生产线　　　　　　　　　　　　采购部
编制利润表

活动三 认识企业运作

活动介绍

我们理解了商业环境和企业职能,也知道了企业相关岗位的人员。那么企业到底是怎么运作的?企业运作需要什么资源和条件?接下来让我们继续走进企业,深入了解企业的运作过程和关键要素。

一、企业的构成要素

企业构成一方面从职能部门角度来看是一个纬度,另一方面,有时我们还需要从资源的角度出发寻找答案,毕竟即使有了部门和人员,企业还是不能真正地开展运作。例如,企业没有资金的投入就无法购置相关资源,企业没有物的投入(设备)就不能生产产品,企业没有产品就实现不了销售。

企业一般由六个重要的要素构成,简称企业六要素(见图1-7)。它们分别是人力、财力、物力、采购、生产和销售。

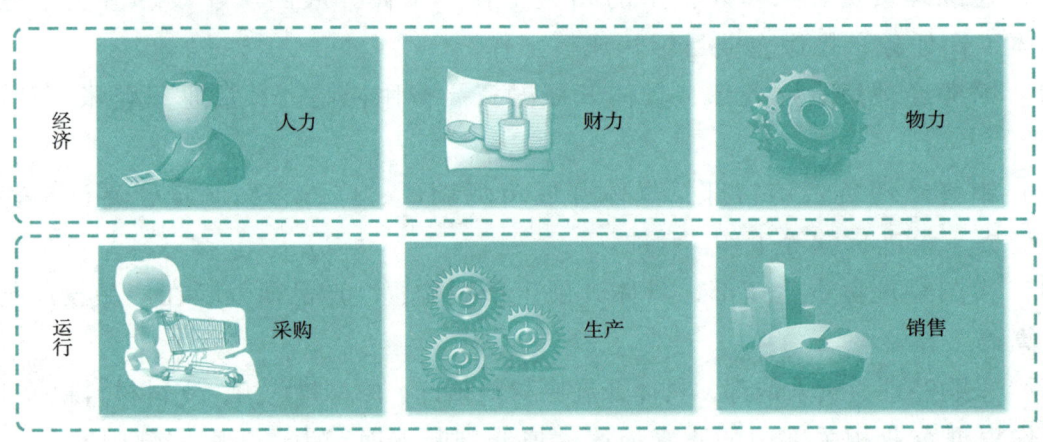

图1-7 企业六要素

什么叫企业经营呢?结合"企业六要素",我们可以给企业经营下一个通俗易懂的定义。

经营可以简单解释为:经济的运行。经济比较实物化,可以指企业的人力、物力、财力这些有价值的实物。运行比较抽象化,可以指企业的采购、生产、销售这些行为的过程。

企业经营就是利用人、财、物这些经济要素实现购、产、销有效运行的过程。

所以,企业经营的过程就是不断地配置企业的人力、物力、财力等资源,更好地实现采购、生产、销售的高效运行,从而达到获取利润的目的。

关于企业的人力、财力、物力，你都知道哪些具体内容？

关于企业的采购、生产、销售，你可以简单描述一下它们的流程吗？

除了企业经营的六要素外，你觉得还有哪些要素也很重要？

二、企业的运作流程

"物有本末,事有始终,知所先后,则近道矣。"企业的运作也有其流程和规律,认识了流程,了解了规律,才能更好地掌握企业运作本质。企业的运作流程一般包含信息流程、物料流程和资金流程三个类型(见图1-8)。信息流程是企业的决策和计划,物料流程是企业计划的具体执行和实施,资金流程则是计划实施的配套和保障。三个流程相互协同,共同影响着企业的运作效率。

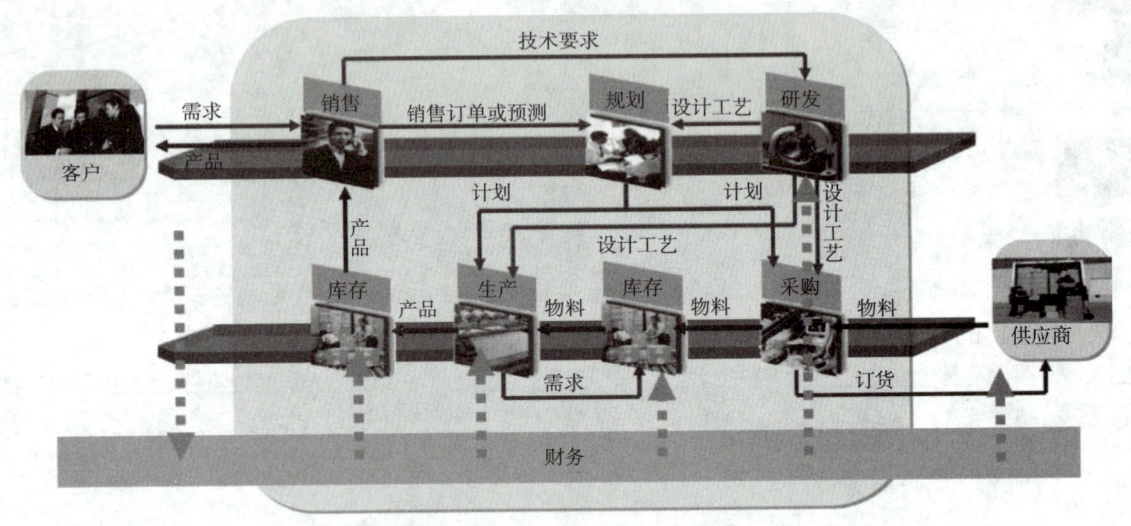

图1-8 企业的运作流程

(1) 信息流程是企业根据客户需求信息,驱动企业制订内部各种预测及计划的过程。信息流程从客户需求开始,企业通过销售部门的市场行为将客户需求变成企业自己的销售预测或销售订单,企业有了销售预测或订单就可以制订生产计划和研发计划,进而派生出对原料库存的需求计划,最后制订采购计划。

(2) 物料流程是企业将原料变为在产品再转化为产成品的过程。物料流程包括:采购原材料→原材料到货后入库到原材料仓库→生产部门领用原材料开始投产将原材料转化为在产品→在产品进一步加工完成后转化为产成品→产成品入库后销售给客户。

(3) 资金流程是资金在企业经营各环节流入和流出的过程。资金流程贯穿企业经营的每一个环节,如采购环节需要支付材料款、研发环节需要支付研发费、生产环节需要支付加工费、营销环节需要支付广告费等。

根据资金流程的学习,请你列举几个资金流入的环节或活动。

三、经营理念和战略的作用

有了经营要素，企业就具备了最基本的经营条件。要想经营好企业，还需要正确的经营理念和充分的经营战略。

人的性格决定人的行为，企业的经营理念决定企业的经营行为。经营理念是企业的一种价值观，为企业经营提供方向，是企业绩效的根据。企业在经营中所注重和坚持的理念将成为企业的灵魂。

你都知道哪些企业的经营理念，请举例。

经营战略是企业发展的行动指南。好的经营战略能够帮助企业规划好方向，为将来的发展提前做好准备。经营战略根据企业对承担风险的意识不同可分为：冒进型战略、稳健型战略、保守型战略。企业的经营战略需要结合自身情况，不能盲目追求大企业的经营战略模式，需要从市场竞争的实际情况出发，制定符合企业自身特点的经营战略。

如果由你来经营一个企业，你会选择什么样的战略，为什么？

小贴士

战略这个词，给人的感觉常常是抽象的，如毕加索的画，不易理解。企业经营不能有勇无谋，经营者必须要有战略思维。战略思维不仅能为个人的工作提供指导方向，还能为组织的发展带来益处。通过战略思维可以为你的团队制定一个与企业的总体目标一致的路线；让你做出明智的短期决策，使之与组织中其他人做出的决策互补或一致；获得员工们支持你决策的承诺；提升你的团队的业绩，并且带来最佳业务成果。

——战略思维

活动四 明确经营周期和业绩评价

活动介绍

在这个模拟的企业竞争中,我们需要经营多长时间?基本的时间单位是按天还是按季度?如何知道我在八个企业中的排名?该如何评价企业?带着这些问题,接下来让我们一起认识企业的经营周期和业绩评价。

一、经营周期

在场景化企业模拟经营中,我们需要完整经营六个年度,其中每一年又分为四个季度,企业大部分的日常业务都是以季度为基本时间单位开展的。如原材料需要提前一个季度下订单、全自动生产线需要两个季度建设、P2产品需要两个季度开发,贷款时长是四个季度等。

(1)年度周期。场景化企业模拟经营六年时间,每年的业务内容基本一致。根据企业日常业务的时间特点,每年设置年初业务、各季度业务和年末业务。年初业务主要是完成营销策划、订单争取、全年规划等,各季度业务内容一致,年末业务主要包括设备维护、市场开拓、报表填制等。

为体现学习目标和难度递进,每年的经营主题设定如图1-9所示。

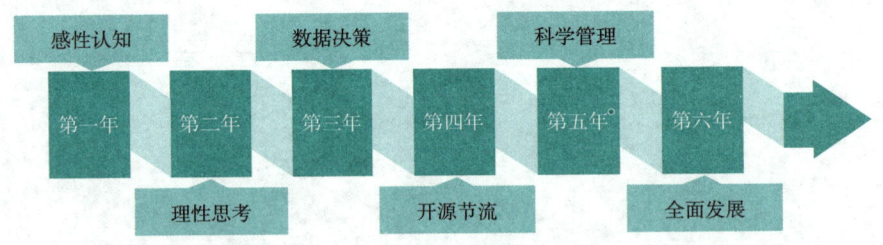

图1-9 企业经营主题

(2)季度周期。一年四个季度的业务内容一致,从季度盘点开始,历经贷款业务、材料预订与入库、设备购置与变卖、在产品投产与更新、销售交货与回款、产品研发,到季度末结余核算结束。

二、企业业绩评价

企业是以营利为目的的社会组织,利润将是评价企业非常重要的因素。同时,考虑到企业是否全面发展、可持续发展等因素,还可以将企业的综合实力纳入评价的范围中。

评价方式1：所有者权益

$$得分 = 所有者权益 \times (股东资本 + 利润留存)$$

所有者权益是企业投资人对企业净资产的所有权。所有者权益按其构成，一般分为投入资本、资本公积和利润留存三类。在场景化企业模拟经营中，我们不涉及资本公积的内容，所有者权益就等于股东的投入资本和企业每年利润之和。其中投入资本，如果股东没有中途撤资或增加资本，将一直保持不变。利润留存为每年的利润之和，如果企业亏损，利润留存会减少甚至会变成负数。

评价方式2：综合实力评价

$$得分 = 所有者权益 \times (1 + 综合得分/100)$$

综合得分以企业最后一年的有形及无形资产的赋分合计为主。具体为：区域市场10分、P2产品10分、手工线5分/条、自动生产线10分/条。

企业由于经营不善也可能会面临破产，衡量企业破产有两个标准：一是资不抵债，即所有者权益为负数。二是现金断流，即在需要还款或者支付相关款项的时候，没有办法筹集到资金。

三、团队成员评价

为便于评价场景化企业模拟经营中团队成员的表现，各企业可以使用本教材后面附录中附件3至附件5，对团队个人和团队整体进行针对性的考核评价。团队个人可以通过"个人实力榜"（附件3）摘星、通过"商战人才榜"（附件4）打卡晋级。整个团队可以通过老师发布的企业排名，利用"商业竞争力排行榜"（附件5）对自己的企业进行评分。

小贴士

作为企业，有效地运用激励手段调动人在工作中的主动性、积极性是管理的基本途径和重要手段。作为员工，希望在一个公平公正的环境中竞争，希望自己的能力得以施展，工作业绩得到认可。激励是保持和谐稳定劳动关系的重要因素。适当运用企业激励机制，能够有效地缓解劳资矛盾，形成"同舟共济"意识，齐心协力应对企业危机。对于个人而言，自我激励是将远大理想转化为具体事实的连接手段，也是迈向成功的引擎。

——激励机制

模块二
组建团队　创立企业

情境导航

"人的一生只有一次青春。现在,青春是用来奋斗的;将来,青春是用来回忆的。只有进行了激情奋斗的青春,只有进行了顽强拼搏的青春,只有为人民做出了贡献的青春,才会留下充实、温暖、持久、无悔的青春回忆。"

来吧,作为中华儿女,把中国梦与自己的梦融合,把理想转化为职业目标,并制定出切实可行的方式方法,去实现它。

来吧,参与场景化企业模拟经营,成立自己的团队、创立属于自己的企业,挖掘潜能、发挥专长、大胆尝试,利用团队的力量,来运营它。

资金、同事、客户、竞争、市场……这些词是否让你兴奋激昂,也让你若有所思。接下来,让我们通过课程的学习,体验一场酣畅淋漓的职场实践。

活动一　活动打卡

活动记录表

姓名：_____　　学号：_____　　组别：_____

打卡记录	打卡方式：请在相应的活动所对应的圆圈内打"√" 活动1　　活动2　　活动3　　活动4 　○　　　　○　　　　○　　　　○
前期回顾	请回顾前期活动内容，总结知识点及重点关注内容 1. 经营场景介绍 2. 认识企业运作 3. 企业组织架构 4. 认识模拟沙盘 5. 经营时间安排 6. 绩效评定规则
本期活动	请提前预习，了解本期活动详情，为工作做好准备 1. 组建团队 2. 岗位分工 3. 成立企业
工作计划	请根据本期活动，制订工作计划，并简述出来
主题分享	请准备2~3分钟的分享发言要点，包含前期回顾和本期计划等内容

活动二　组建团队

> **活动介绍**
> 团队是场景化企业模拟经营的一个基本组织，组建好团队是模拟经营的第一步。团队是一个集体，组建团队时要注意几个方面：能力互补、目标明确、责任清晰、互相信任。

一、组建团队

团队是一群拥有共同目标、能力互补、互相协作的成员构成的整体。团队以目标为导向，以协作为基础，团队成员需要有共同的语言和规范，在能力和技术上要形成互补。

团队组建原则：男女搭配、性格互融、能力互补。

在场景化企业模拟经营中，我们需要组建8个团队，每个团队成员人数为5～7人，每个团队都将组建一家模拟企业。团队成员要根据部门职责完成企业运营活动的各个环节工作，包括战略制定、市场营销、生产组织、采购管理、库存管理、财务管理等。团队要保证有执行力，团队成员要做到"人人有事做，事事有人做"。

下面请根据自愿原则或者抽签等方式组建团队，并将组建后的团队成员名字写下来。

团队成员

小贴士　随着社会的迅猛发展，团队合作精神对于一个企业而言，是推动经济发展不可或缺的关键。人们常说"人心齐，泰山移"，如果一个领导者，把集体成员各方面的特性凝聚一起，使团队成员很好地相处与沟通，有着团队荣誉感和使命感，那么这个团队在做事时就会有事半功倍的效果，可以使企业向前发展。

二、团队建设

团队从组建到形成合力需要一个过程，其中第一步就是团队成员之间的熟悉和相互信任。为了让大家尽快融入团队，让团队形成一个整体，拥有共同的思考方式，共同的沟通方式，每个团队都要共同完成两个团队的建设游戏。

团队游戏1：解"手结"

游戏说明：团队成员靠拢在一起，围成一个面对面的圆圈。每个人都伸出双手，左右两只手交叉，分别拉住旁边人的手。整组成员都拉好之后，此时会发现整组人的手拉成了一个结实的"大结"。这时大家的手都不能松开，只靠拉着的手绕来绕去，转来转去，合力将自己组的这个"手结"解开，形成一个手牵手的大圆圈（见图2-1）。

团队游戏2：团队拼图

游戏说明：请任课老师提前准备一个被等分为9格的简笔画（见图2-2）。团队成员依次编一个自己的号码，人少的团队可以一人编两个号码。所有团队成员起立，背对投影屏幕，老师开始随机展示编号的局部图片，对应编号的队员转身观看投影屏幕的局部图片，看完后转身回去。老师继续随机播放其他编号的局部图片，对应编号的同学转身观看后再转身回去，依此方式，老师展示完全部的局部图片后，各团队开始根据队员看到的信息汇总绘制整个大图，并回答看到的内容是什么。

 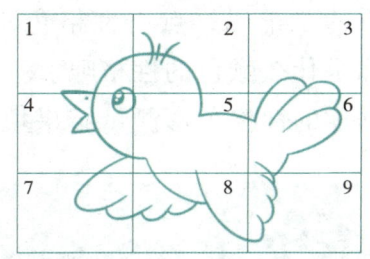

图2-1 解"手结"游戏示意图　　图2-2 团队拼图游戏示意图

请各团队完成游戏，并将你的游戏分享填入表2-1。

表2-1　　　　　　　　　　游戏分享表

分享项目	游戏1	游戏2
你在游戏刚开始时的感觉怎样，是否思路很混乱？		
问题解决之后，你的想法是否发生了变化？		
在这个过程中，你学到了什么？		

活动三　岗位分工

活动介绍

组建了团队之后,明确每个团队成员分工是企业经营的重要保障。根据每个岗位的职能定位,团队成员都要清楚认识自己的长处,考虑自己能在企业中发挥什么样的作用。

一、认识自我

认识自我、了解自我是对内心的自我探索,也是职业生涯规划非常重要的一个环节。通过深入了解自己的性格,可以较好地匹配职业方向。基于对自己的认识,我们还要善于对外表达自己,让别人可以较好地认识我们,从而形成良好的沟通合作基础。

每个人的性格都不完全一样,看待事物的想法和态度也都不完全一样,不过我们可以通过学习性格色彩来认知自我和辨识他人。在性格色彩中,主要将人的性格分为红、蓝、黄、绿四种颜色。接下来,请扫描右方的二维码,点击性格色彩测试,给自己做一次性格色彩测试,看看你是什么颜色的性格吧。

性格色彩测试

请根据你的性格色彩测试结果填写表2-2。

表2-2　　　　　　　　性格色彩测试

性格色彩	红色	黄色	蓝色	绿色
你的色彩				

注:请在上面"你的色彩"方格内打"√"。

二、呈现自我

如何呈现你自己,让别人在较短的时间里认识、了解你是一项非常具有挑战的任务。自我介绍一方面要充分挖掘自身的特点,同时还要学会提炼总结,将自己的特点和相关词语联系起来,可以起到加强记忆的作用。

请你总结一下自己的特点,用三个关键词高度概括。关键词的方向可以是性格、能力、经历、爱好、特长等方面。

请写出你的自我介绍关键词吧。

关键词1（性格、特征）：_____。
关键词2（爱好、特长）：_____。
关键词3（能力、经历）：_____。

三、熟悉队友

团队每一位队员都要在团队内部做一次自我介绍，这是一个非常好的呈现自己和了解队友的机会。大家要抓住机会，让队友尽快认识你，看到你的长处，找到与你相处的方式。同时，你也要在这个环节全面认识其他队友，找到你们的共同点，发现大家的闪光点。

请你将团队成员的特点填至表2-3。

表2-3　　　　　　　　　团队成员特点分析表

团队成员							
特点							

四、确认岗位

经过性格色彩测试，相信大家对团队成员的个人特性有了一定认识。通过团队介绍，大家对彼此也加强了了解。接下来就要进行团队的分工，明确大家在团队中担任的岗位。请各团队开展内容讨论，结合场景化企业模拟经营中的部门设置和岗位情况以及自己的个人特点，进行角色分工。

各团队成员可以推荐他人或自荐相关岗位，并说明理由。相关岗位可以参考以下要求。

（1）总经理：有较强的人格魅力，有整体思维，把握大局，统筹能力强。善于团结队友，协调工作，领导团队达成目标。

（2）财务经理：有较强数字思维能力，对数据敏感，工作严谨仔细。能完整翔实地登记日常业务数据，汇总计算相关报表。

（3）销售经理：有较强的数字分析能力，思维活跃，灵活应变能力强。能及时洞察市场供求关系，制定合理的营销方案，选取合适的订单。

（4）生产经理：有较强的执行力，有一定的统筹能力，计划性强。能平衡生产能力，完成订单要求。

（5）采购经理：有较强的数据汇总能力，能及时准确完成材料预订和采购工作。

请确定你自己的岗位，并撰写你的就职宣言。

角色确定与就职宣言

请确定你的岗位角色，并发表就职宣言。

1. 确认我的角色

我的角色是：_____

2. 我的就职宣言

_____

_____

_____

经过团队集体讨论，请将你的团队分工填写完整（见图2-3）。

图2-3 团队分工明细

模块二　组建团队　创立企业

活动四　成立企业

活动介绍

团队组建和确定分工后，要召开第一次员工大会，大会由总经理主持。在会议中，团队要商议企业的愿景、企业的使命，并为自己的企业命名、设计商标等。大家对企业有什么期盼呢？

一、企业愿景

每个企业从其建立开始，就应该承担相应的责任并履行相应的使命。企业战略制定的第一步就是确定企业愿景和使命。

企业愿景是解决企业是什么，要成为什么的基本问题，是对"我们代表什么""我们希望成为怎样的企业"的持久性回答和承诺。

企业愿景是企业所描述的关于未来成就的理想化定位和生动性蓝图。它是一个梦想，可以通过长期的努力最终变成现实。企业愿景可以被视为进行企业战略设计时最基础的概念，是开展战略管理活动的逻辑起点。

要想提炼出企业的愿景，我们需要回答以下三个问题：

（1）企业的定位是什么？

（2）企业未来的憧憬是什么？

（3）企业的目标是什么？

请各团队思考并制定企业愿景：

 **小贴士**　"坚持真理、坚守理想，践行初心、担当使命，不怕牺牲、英勇斗争，对党忠诚、不负人民。"这是习近平总书记2021年7月1日在中国共产党成立100周年大会上的讲话。企业的使命要赋能国家战略，服务人民，立足中国式现代化。使命在肩、初心不忘、勇于担当、主动作为，融入国家发展大局。

23

二、企业命名与商标设计

企业名称对一个企业将来的发展而言至关重要。企业名称不仅关系到企业在行业内的影响力,还关系到企业所经营的产品投放市场后,消费者对本企业的认可度。因此,各小组要集思广益,为自己的企业起一个响亮的名字。

企业名称四项基本要素:行政区划、字号、行业或经营特点、组织形式。

(1)行政区划是指企业所在地县以上行政区划的名称。企业名称中的行政区划名称可以省略"省""市""县"等字,但省略后可能造成误认的除外。

(2)字号是构成企业名称的核心要素,应由两个以上的汉字组成。

(3)行业或经营特点应当具体反映企业的业务范围、方式或特点。

(4)组织形式即企业名称中反映企业组成结构、责任形式的字词,如企业、厂、中心、店、堂等。

请各团队结合上述要求,给自己的企业起一个名称:

除了企业名称外,企业一般以注册商标来区分和其他企业之间的关系。

企业商标是一个专门的法律术语。品牌或品牌的一部分在政府有关部门依法注册后,称为"商标"。商标受法律的保护,注册者有专用权。注册商标是在政府有关部门注册后受法律保护的商标,未注册商标则不受商标法律的保护。

请根据企业的特点,设计企业商标,将商标画于下方空白处。

三、企业宣传与呈现

企业文化建设能提升团队成员的凝聚力，为后面合作探究的学习方式奠定坚实的基础，让大家真切地感受到团队的力量。该环节开展团队展示的评比活动。每个团队的汇报展示分别从企业名称、商标及含义、口号设计与介绍等方面来展示。

制作要求：

（1）海报表达的内容精炼，抓住主要诉求点。可以以突出的商标、标志、标题、图形，或采用对比强烈的色彩使海报成为视觉焦点。

（2）内容不可过多，简洁明了，篇幅要短小精悍。

（3）以图片为主，文案为辅，主题字体醒目。

（4）名牌的形状可以多种多样，由团队自由发挥，但是每组的形状必须统一。名牌上要有职位和自己的名字，企业名称、商标、电话号码等。

团队展示：

汇报展示时，要体现趣、活、动、全。趣即生动有趣，团队愿意、乐意去做；活即灵活多变，有灵动性，而不死气沉沉；动即要让队员从肢体到思维均动起来；全即全员参与，整体联动。

各团队进行展示时要自然大方、语言规范、声音洪亮、表达清楚，团队成员分工要明确，尽显团队风采。

你的工作证设计：

企业整体概况海报设计（也可以自行使用老师统一提供的纸张设计）：

请你对各企业的宣传与呈现给出评价，填写表 2-4。

表 2-4　　　　　　　　　　　企业呈现评分表

序号	企业名称	工作牌得分	海报得分	团队呈现得分	总分
1		5○4○3○2○1○	5○4○3○2○1○	5○4○3○2○1○	
2		5○4○3○2○1○	5○4○3○2○1○	5○4○3○2○1○	
3		5○4○3○2○1○	5○4○3○2○1○	5○4○3○2○1○	
4		5○4○3○2○1○	5○4○3○2○1○	5○4○3○2○1○	
5		5○4○3○2○1○	5○4○3○2○1○	5○4○3○2○1○	
6		5○4○3○2○1○	5○4○3○2○1○	5○4○3○2○1○	
7		5○4○3○2○1○	5○4○3○2○1○	5○4○3○2○1○	
8		5○4○3○2○1○	5○4○3○2○1○	5○4○3○2○1○	

说明：请在分值后面的圆圈里打"√"。

模块三
创业起步　排兵布阵

场景化企业模拟经营

情境导航

"还记得年少时的梦吗?像一朵永远不凋零的花。"在创业之初,我们仿佛都憧憬着希望与胜利、成功与梦想,无奋斗不青春。是的,虽然知道创业者的艰辛与不易,但我们都有明知难而为之的精神与勇气,加油吧!青年!

在创业的起步阶段,我们首先做好企业内部、外部环境的认知;其次,做好信息、资金、物资等的准备。俗话说:巧妇难为无米之炊,找项目、找投资、找供应商、研发产品、开发市场,每走一步,都让我们聚集了信心与力量。

有的企业家说创业起步,稳为先;有的企业家则认为,应抢占市场先机……

作为创业阶段的你,应做好分析市场与做好产品定位。

准备好了吗?现在,就把企业的决策权交到你们的手里,加油!

活动一　活动打卡

活动记录表

姓名：_____　　学号：_____　　组别：_____

打卡记录	打卡方式：请在相应的活动所对应的圆圈内打"√" 活动1　　活动2　　活动3　　活动4 　○　　　　○　　　　○　　　　○
前期回顾	请回顾前期活动内容，总结知识点及重点关注内容 1. 组建团队 2. 岗位分工 3. 成立企业
本期活动	请提前预习，了解本期活动详情，为工作做好准备 1. 完成企业筹建 2. 认识商业规则 3. 熟悉表单填制
工作计划	请根据本期活动，制订工作计划，并简述出来
主题分享	请准备2~3分钟的分享发言要点，包含前期回顾和本期计划等内容

活动二 完成企业筹建

活动介绍

企业要想正式开展运营，除了团队外，还需要资金和各种物资支撑，以及拥有生产许可、市场准入等资格条件。接下来我们在老师的指导下一起完成企业的筹建工作，通过企业筹建完成企业最基本的开工条件。

一、认知沙盘教具

为更好地让各团队感受企业的场景，体验企业的岗位职责，实操企业的运营流程。在场景化企业模拟经营中，将企业搬进了学校、将企业搬进了课堂，通过直观的沙盘模型，让各团队可以身临其境、运筹帷幄。

1. 场景化企业沙盘盘面

场景化企业沙盘盘面是模拟一家企业全貌的载体。沙盘盘面全面模拟了企业的四大功能中心：财务管理中心、营销规划中心、生产管理中心、物料管理中心，以及各功能中心的具体工作对象信息。

（1）财务管理中心主要包括往来款区域、资金区域、融资区域和费用区域。

（2）营销规划中心主要包括产品标识区域、市场标识区域和 ISO 区域。

（3）生产管理中心主要包括厂房区域、生产线区域及生产标识区域。

（4）物料管理中心主要包括原材料仓库、原材料订单区域、产成品仓库和产成品订单区域。

2. 场景化企业沙盘道具

为了更好地在沙盘盘面上模拟资金、物料和资产的运作，达到动手实操的目标。在场景化企业模拟经营中，沙盘同步配置了货币、原材料、生产线、生产资格证、市场准入证等具体道具（见图 3-1 和图 3-2）。

在场景化企业模拟经营中，货币的最小单位是万元，一个灰色币表示 1 万元，一桶灰色币有 20 个；原材料（Raw Materials）为有颜色的币，原材料用 R 表示，分为 R1、R2 等；产品和产成品由原材料和货币组成，产品（Products）用 P 表示，分为 P1、P2 等；生产管理中心设有厂房、可布置生产线；生产线分为手工线和全自动线等；市场分为本地和区域等。

在场景化企业模拟经营中,空桶用来表示下达原材料订单、借款状态及数量的标志。

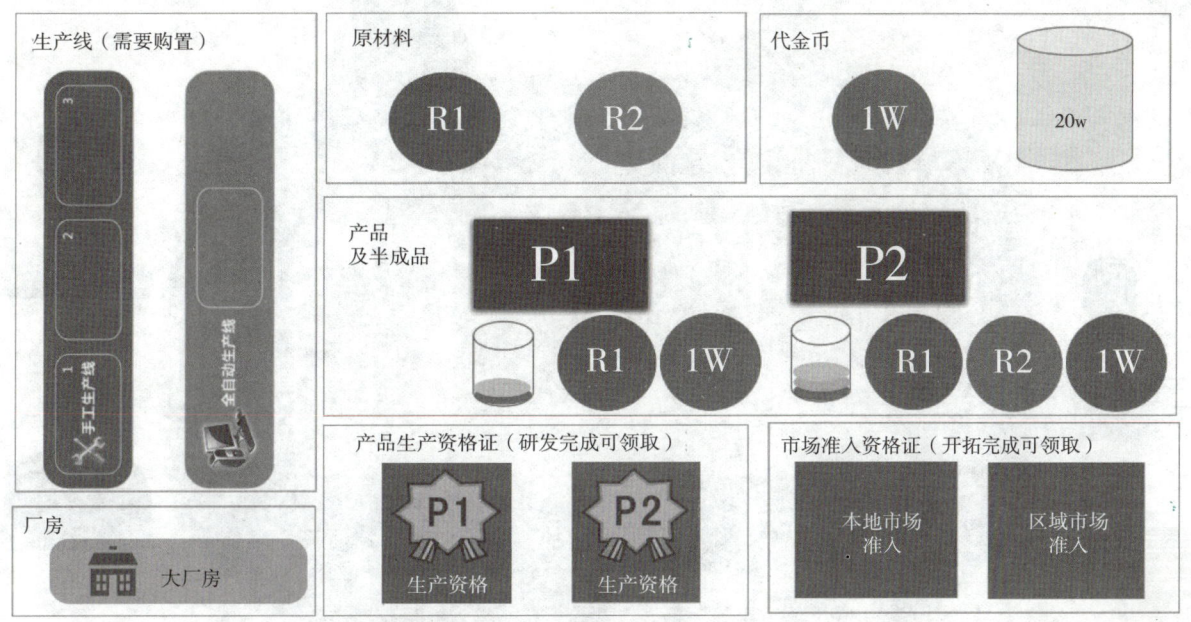

图 3-1 场景化企业沙盘道具

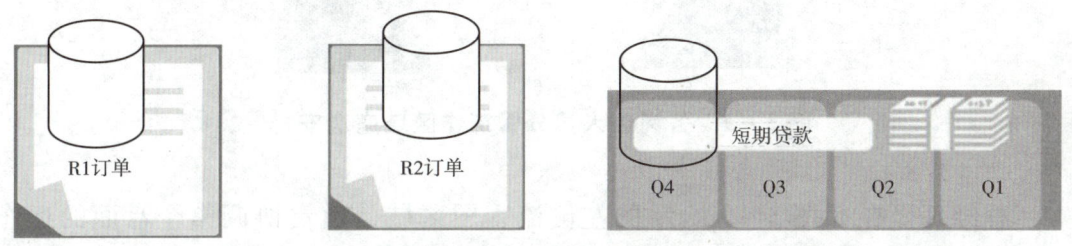

图 3-2 下达原材料订单、借款状态及数量的标志示意

如将空桶摆在 R1 订单上表示向原材料供应商下达订单,所放数量表示该类型原材料的数量。将空桶摆在短期贷款上表示向银行贷款,一个空桶表示贷款 20 万元,空桶需要放在具体的周期上,表示距离还款还剩多少时间。

企业获得各类沙盘道具的方式见活动三"认识商业规则"的内容。

二、角色上岗

在认识了沙盘盘面和相关教具之后,相信大家对这个模拟企业经营有了一定的认知。结合之前的岗位分工和沙盘的功能区域,现在各团队需调整座位,各岗位人员坐到自己分管的工作区域(见图 3-3)。

图 3-3　各岗位人员分管工作区域座次安排

（1）总经理坐在如图 3-3 所示的左侧流程图区域，负责协调整个盘面的运作。

（2）财务经理（财务助理）坐在财务管理中心区域，负责与资金有关的操作。

（3）销售经理（销售助理）坐在营销规划中心区域，负责市场开拓的操作。

（4）生产经理坐在物料管理中心的产品库区域，负责生产管理相关操作。

（5）采购经理坐在物料管理中心的原材料库区域，负责原材料相关操作。

调整完成座位后，各岗位人员需抓紧时间熟悉自己负责的区域，尽快融入岗位角色。为更好地完成场景化企业模拟经营，各团队要重点思考以下几个关键词，并在实操过程中运用和体会。

　　　　　　　　　心态开放　步调一致
　　　　　　　　　亲力亲为　换位思考
　　　　　　　　　团队协作　齐心合力

三、筹建企业

接下来进入企业筹建阶段。请在老师的指导下完成企业筹建的各项准备工作，填写图3-4中各步骤的内容及资金情况，并同步完成沙盘盘面的摆放操作。

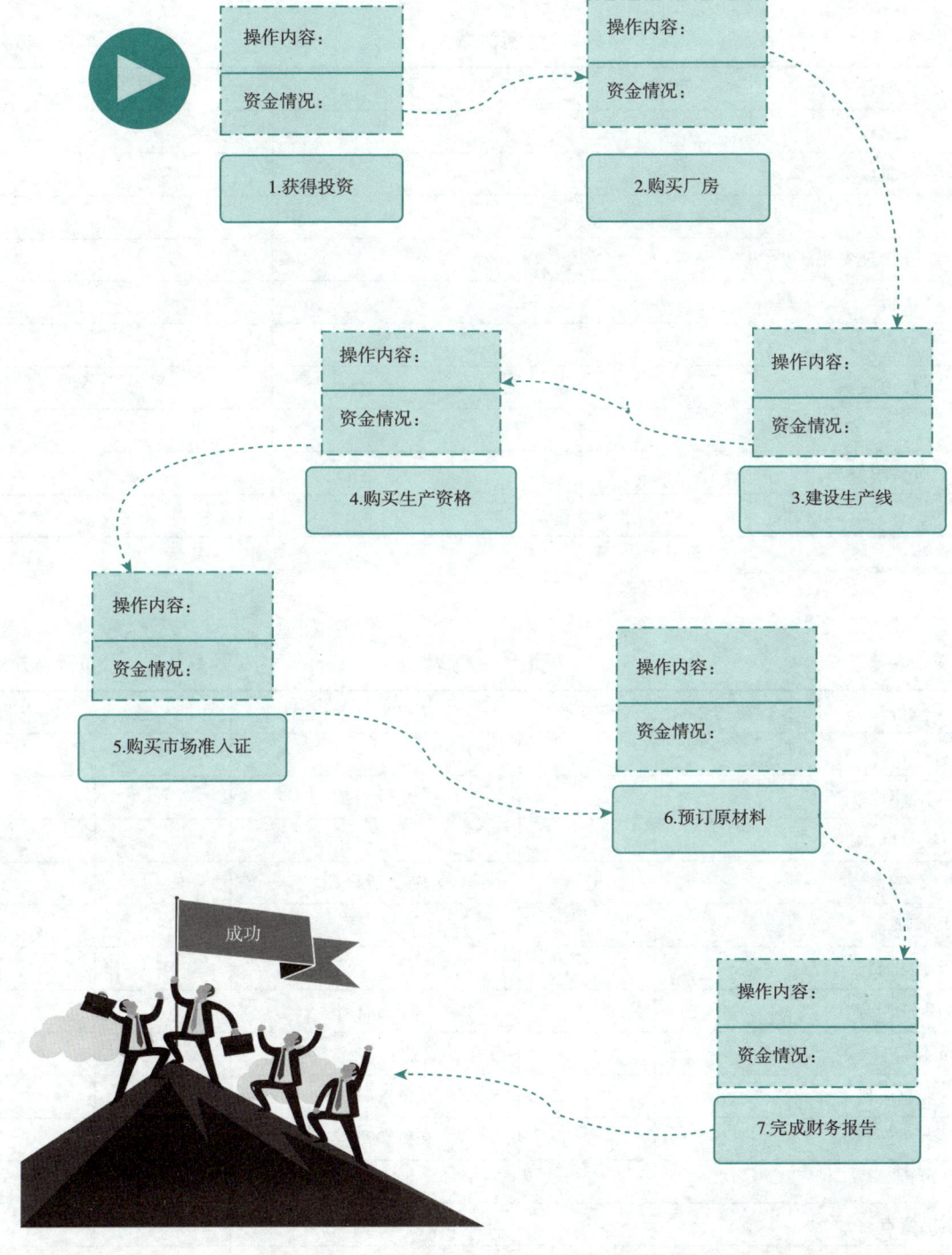

图 3-4 企业筹建阶段沙盘模拟流程图

四、筹建年报表核算

企业筹建阶段是一个企业从零到一的过程。企业通过筹建，已经具备开始正式运营的条件。下面请各企业完成表3-1和表3-2的填报。

表3-1　　　　　　　　　　　　　　利润表　　　　　　　　　　　　　　单位：万元

项目	算符	上年数	本年数
营业收入		—	—
营业成本	—	—	—
毛利	=	—	—
综合管理费用	—	—	—
折旧	—	—	—
财务费用	—	—	—
其他收入	+／-	—	—
税前利润	=	—	—
所得税费用	—	—	—
净利润	=	—	—

表3-2　　　　　　　　　　　　　　资产负债表　　　　　　　　　　　　　单位：万元

资产	期初数	期末数	负债和所有者权益	期初数	期末数
流动资产：	—		负债：	—	
库存现金	—		银行贷款		—
应收账款	—				—
在制品	—		应交所得税		
产成品	—				
原材料	—				
流动资产合计	—		负债合计		—
固定资产：	—		所有者权益：		
企业厂房	—		股东资本		
生产设备	—		利润留存		
在建工程	—		年度净利		
固定资产合计	—		所有者权益合计		
资产总计			负债和所有者权益总计		

模块三 创业起步 排兵布阵

活动三 认识商业规则

活动介绍

商业规则是场景化企业模拟经营中各企业都需要遵守的基本要求。通过学习商业规则，我们能够明确各种业务操作的规范和步骤，明确各类资格具备的条件和要求，清晰各种产品的材料组成和成本信息，界定各种费用的标准和周期。接下来，我们一起来学习商业规则，为企业下一阶段的成长和发展做好知识及能力储备。

一、公共规则

（1）时间单位。以年度作为核算周期，以季度作为最小时间单位。每个季度要进行季度盘点，核准数据。每个年度要填制报表，核算利润，并上交报表、汇报业绩。

（2）货币单位。所有物品的价值均以万元（W）为单位来进行衡量，各类数据取整数，遇到小数时采用四舍五入规则（部分以向上或向下取整为准，详见具体规则）。企业能动用的资金只限于盘面上现金区域里的资金，不允许将表示生产线净值、厂房价值等货币直接当成现金使用。

（3）按序经营。所有企业必须严格按照运营顺序执行操作，各岗位人员间要有序协同开展合作，亲力亲为做好自己负责的工作。不允许跳开中间步骤，也不允许把后面的步骤完成后再回来操作前面的步骤。

（4）投资与研发进度。所有投资与研发任务必须在完成后的下一个季度方可使用。所有投资与研发按季度或者年度平均支付，不允许加速投资。各类投资和研发好的资质或设备不可在各企业之间买卖。

（5）企业间交易。企业之间允许产品交易，产品价格和交易时间由交易双方洽谈确定。企业间不允许开展原材料、生产线、厂房及各种资格的交易。

二、各岗位规则及工作内容

总经理岗位规则

（1）组织团队召开年度规划会议，确定年度工作要点；
（2）按顺序发布每年的工作任务；
（3）发布任务要明确具体的执行部门和岗位；
（4）检查各岗位的盘面推演是否到位；
（5）检查各岗位的表单登记是否齐全；
（6）当发现季度末账实不符的情况，要查明原因；
（7）汇报企业业绩；
（8）评价团队队员。

总经理

财务经理岗位规则

财务经理

1. 负责融资贷款

融资贷款区域如图 3-5 所示，任务要求如表 3-3 所示。

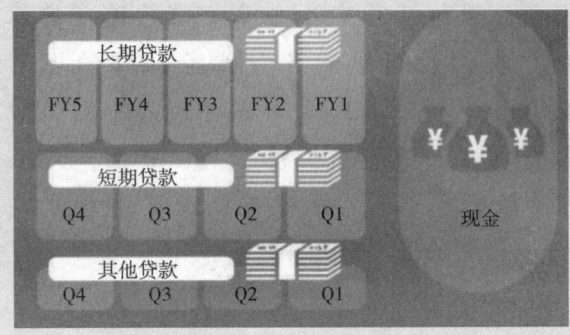

图 3-5 融资贷款区域

表 3-3　　　　　　　　　融资贷款任务要求

贷款类型	贷款时间	贷款额度	年息	还款方式
短期贷款	每季度初	120 万元	5%	到期一次还本、付息

说明：每个季度初可以向银行申请贷款，每次贷款上限为 40 万元，银行以 20 万元的倍数放款。贷款周期为 4 个季度，到期还本付息。有到期贷款必须先还了旧贷才可以贷新贷。举例：某企业第一年第一季度贷款 20 万元，则第二年的第一季度必须要还款 20 万元本金和 1 万元利息，然后才考虑是否再贷新贷款。

2. 支付综合管理费用

综合管理费用区域如图 3-6 所示。

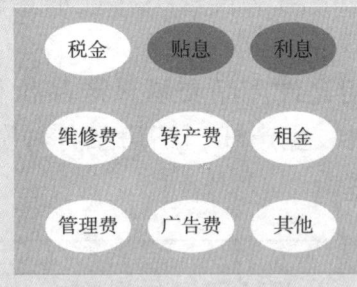

图 3-6 综合管理费用区域

①综合管理费用：管理费、广告费、设备维护费、市场开拓费、产品研发费等；②管理费：每季度支付 1 万元；③广告费：以实际投入为准；④设备维护费：只要设备完成安装，不论是否生产，每年年底都要开展维修保养，支付维护费 1 万元/年；⑤市场开拓费、产品研发费：以实际发生为准。

3. 核算并支付企业所得税

企业盈利了需要缴纳企业所得税，税率 25%，计算时还需要弥补前 5 年的亏损，遇到小数部分向下取整。

销售经理岗位规则

1. 开拓市场

任务要求如表3-4所示。

表3-4　　　　　　开拓市场任务要求

市场	开拓费用	开发规则	持续最短时间
本地	1万元（开办企业时支付）	无	无
区域	1万元	1万元/年	1年

企业目前在本地市场经营，可以开拓新市场—区域市场。市场必须先拿到准入资格，才可以在该市场投放广告争取客户订单。

2. 广告营销

各企业需要在对应市场的对应产品上打广告，才可获得选单的权利，不投放广告不可以参加选单。订单按市场、按产品发放，按选单顺序先选第一轮，每个企业每轮只能选择一张订单。一轮选完后，再开始下一轮的依次选单。

3. 选单规则

企业年初参加订货会，通过该年投放广告来取得选单，根据投放广告的多少决定选单顺序，企业依次轮流选单，企业根据产能决定选单的数量。

各企业按照排定的顺序来选择订单，规则如下：

（1）以投入某个产品广告费用的多少产生该产品的选单顺序；

（2）如果两个（含）以上企业在同一产品投入广告一样，则按本市场广告总投入总量（包括P1和P2上投入的广告）进行排名；

（3）如果市场广告总投入量一样，可由相同排名的企业同时选单，如果两个队选择了相同的订单，且都不愿放弃，则采用抽签等方式。

4. 订单登记与交货及违约

选择订单后，需要在订单登记表中详细登记订单的信息，年底时需要填写产品核算统计表，计算毛利。正常订单年底前任何一个季度交货均可，但是必须按照订单规定的数量交货。

5. 订单违约

所有订单必须当年完成（即在订单规定的年份，按订单上规定的产品数量交货），如果订单没有完成，则在当年扣除该订单销售额的25%，向上取整，直接计入其他费用，并收回订单。

生产经理岗位规则

1. 厂房建设

厂房标识如图3-7所示，任务要求如表3-5所示。

图3-7 厂房标识

表3-5　　　　　　　　　　厂房建设任务要求

厂房	买价	生产线容量
企业厂房	20万元	6条生产线

厂房在组建企业当年购置完成，价值为20万元。在使用期间不提折旧，不允许卖出。厂房内最多可安装6条生产线。

2. 生产线购置

生产线标识如图3-8所示，任务要求如表3-6所示。

图3-8 生产线标识

表3-6　　　　　　　　　　生产线购置任务要求

生产线	购买价格	安装周期	生产周期	维护	折旧	残值	可生产产品
手工线	5万元	无	3Q	1万元/年	1万元/年	2万元	P1/P2
自动	12万元	1Q	1Q	1万元/年	2万元/年	4万元	P1/P2

（1）生产线只能购买，不能在企业间转让；

（2）生产线购买必须一次性支付所有费用，手工生产线支付设备款后就可以开始使用，自动生产线要等到下一季生产线安装到位才可使用；

（3）生产线的格子表示生产周期，每条生产线上只能有一个在制品；

（4）生产线可以卖给设备供应商，售价按照残值计算，即从生产线价值处取出残值，放入现金即可，其余的价值放入其他费用；

（5）生产线可以生产任何获得生产资格证的产品；

（6）折旧从建成的下一年开始提取，从生产线的净值处提取折旧。当净值等于残值时，不再提取折旧，但是生产线仍然可以使用。

3. 产成品

任务要求如表3-7所示。

表3-7　　　　　　　　　　产成品任务要求

生产线	原材料	加工费	产品成本
P1	R1	1万元	2万元
P2	R1 + R2	1万元	3万元

上线生产的产品需要支付加工费，每个产品1万元的加工费。

4. 产品研发

生产资格标识如图3-9所示，任务要求如表3-8所示。

图3-9　生产资格标识

表3-8　　　　　　　　　　产品研发任务要求

产品	研发时间	研发投资	研发费用	资格证费用
P2	2季度（Q）	2万元/季度（Q）	4万元	1万元

开发投入分期进行，每季度进行一次，投入2万元，可以随时中断和延续，不允许超前或集中投入；开发完成之后，必须另外缴纳1万元用于申请生产资格证；获得资格后，才允许开工生产；资格证不允许转让。

采购经理岗位规则

1. 原材料预订

原材料订购标识如图 3-10 所示。

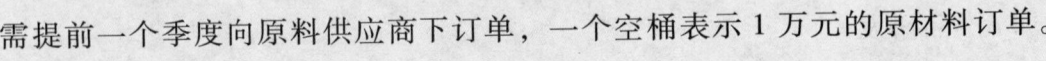

图 3-10 原材料订购标识

需提前一个季度向原料供应商下订单，一个空桶表示 1 万元的原材料订单。

2. 原材料购入

原材料标识如图 3-11 所示。

图 3-11 原材料标识

红色币表示 R1 原材料，橙色币表示 R2 原材料。原材料的价格均为 1 万元，原材料到货后必须根据采购订单如数接受相应原材料入库，并按规定支付原材料款，不得拖延。

企业中的各个岗位都非常重要，缺一不可。各岗位之间是协同管理、互为上下游的关系，因此需要相互之间提供数据支撑和信息传递。有些部门的上下游还涉及企业外部的资源。

请思考你的部门上下游的部门和企业是哪些，填至图 3-12。

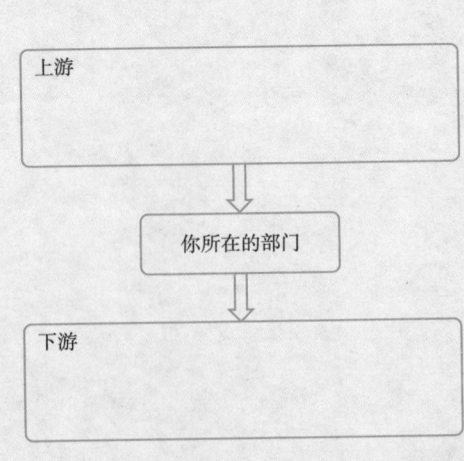

图 3-12 你所在的部门上下游明细

模块三 创业起步 排兵布阵

活动四 熟悉表单填制

活动介绍

场景化企业模拟经营中，经常要填制各种表单，主要包括"运营记录表""综合费用明细表""利润表"和"资产负债表"等。这些表单为企业提供实时的数据、量化的思考和经营结果。下面我们一起来看看这些表单填写的要求。

一、运营记录表

场景化企业模拟经营将真实企业的日常业务进行了高度提炼和总结，形成了涵盖企业主要经营流程和关键决策要点的"运营记录表"（见表3-9）。为更好适用于各岗位的业务操作需求，"运营记录表"按岗位的工作特点进行了整理。请各岗位人员在使用时，请注意找到自己岗位专属的"运营记录表"。

表3-9　　　　　　　　　运营记录表

	序号	请总经理在方格中根据企业工作进度做好标记（已完成的请打"√"）		
年初		年初现金余额（上一年的年末现金数）		年初
		提交营销方案/支付广告费		
		参加订货会/登记销售订单		
		支付税金（上一年的所得税）		
年中	1	季初现金盘点（当前余额）		年中
	2	更新贷款/还本付息（先偿还才能再贷款）		
	3	申请贷款（每季20万/40万元，全年不超120万）		
	4	购买上一季订购的原材料并入库		
	5	订购下一季原料订单		
	6	更新生产/完工入库		
	7	购买新生产线/生产线到位/变卖生产线		
	8	开始下一批生产（支付加工费，每件产品1万元）		
	9	更新应收款/应收款收现		
	10	按订单交货（登记收回的货款收入）		
	11	产品研发投资（P_2生产资格证研发）		
	12	支付行政管理费（每个季度1万元）		
	13	其他现金收支情况登记		
	14	现金流入合计		
	15	现金支出合计（不含广告费支出）		
	16	期末现金对账（每季末余额）		
年末		支付违约金		年末
		支付设备维护费（每条线1万元，在建忽略）		
		计提折旧（手工1，自动2，当年建成不用）		
		新市场开拓		
		结账（年末剩余现金数）		

"运营记录表"分为年初业务、年中业务和年末业务,其中年中业务又具体分为四个季度的工作。

总经理:在"运营记录表"每一个空格里用"√"的方式确认完成每一项任务。

财务经理:在"运营记录表"中的每一个空格里记录每一笔资金的流入流出情况。流入用"+",流出用"-"。

销售经理:记录对应任务中的产品库存和销售情况。

生产经理:记录对应任务中的在产品库存和下线情况。

采购经理:记录对应任务中的原材料库存和订货情况。

二、综合费用表

综合管理费用反映的是企业经营期间发生的各类费用,具体填写说明如表 3-10 所示。

表 3-10　　　　　　　　　综合管理费用明细表　　　　　　　　　单位:万元

项目	金额	填写说明
管理费		每个季度 1 万元,一年 4 万元
广告费		根据年初实际投放的广告数确定
维修费		每条生产线维修费为 1 万元/年;在建、出售的生产线不需要交维修费
市场准入开拓费		本地市场准入证、区域市场准入证均为 1 万元
产品研发费		产品 P1 生产资格证研发费用 1 万元、产品 P2 生产资格证研发费用 5 万元
其他费用		包括违约、销售设备产生的损失等
合　计		以上几项相加

三、利润表

利润表主要反映企业经营期间的盈利情况。具体填写说明如表 3-11 所示。

表 3-11　　　　　　　　　　　利润表　　　　　　　　　　　单位:万元

项目	运算符	金额	填写说明
营业收入	+		销售产品所获得的收入
营业成本	-		直接用于生产过程中的料工费
毛利	=		销售收入-直接成本
综合管理费用	-		综合管理费用明细表中的合计数
折旧	-		生产线使用过程中磨损的价值
财务费用	-		借款利息
其他收入	+		政府优惠或奖励等
税前利润	=		毛利-综合管理费用-折旧-财务费用+其他收入
所得税费用	-		当税前利润>0 时,所得税=税前利润×25%,向下取整;当税前利润≤0 时,所得税=0
净利润	=		税前利润-所得税

四、资产负债表

资产负债表主要反映企业经营期间的资产情况以及资金来源的构成。

表 3-12　　　　　　　　　　　　　资产负债表　　　　　　　　　　　　　单位：万元

资产	期初数	期末数	负债和所有者权益	期初数	期末数
流动资产：			负债：		
①库存现金			⑫银行贷款		
②应收账款					
③在制品			⑬应交所得税		
④产成品					
⑤原材料					
⑥流动资产合计			⑭负债合计		
固定资产：			所有者权益：		
⑦企业厂房			⑮股东资本		
⑧生产设备（生产线）			⑯利润留存		
⑨在建工程			⑰年度净利		
⑩固定资产合计			⑱所有者权益合计		
⑪资产总计			⑲负债和所有者权益总计		

备注：
①库存现金：盘面上的现金池资金；
②应收账款：盘面上的应收款数据；
③在制品：生产线加工未完成的产品，根据在产的产品成本填列；
④产成品：完工入库的产品，根据结存在库的完工产品成本填列；
⑤原材料：R1、R2 原材料，根据结存在库的原材料总成本填列；
⑥流动资产合计 = ①库存现金 + ②应收账款 + ③在制品 + ④产成品 + ⑤原材料
⑦企业厂房：根据购入的厂房总价值填列；
⑧生产设备：根据企业拥有的已经建造完成的生产线总净值填列；
⑨在建工程：根据企业拥有的在建的生产线总价值填列；
⑩固定资产合计 = ⑦企业厂房 + ⑧生产设备 + ⑨在建工程；
⑪资产合计 = ⑥流动资产合计 + ⑩固定资产合计；
⑫银行贷款：根据短期贷款余额填列；
⑬应交所得税：根据计算出的应缴纳的所得税金额填列，为本年利润表中所得税；
⑭负债合计 = ⑫银行贷款 + ⑬应交所得税
⑮股东资本：根据企业收到的股东注资总额填列；
⑯利润留存：根据"上年利润留存 + 上年年度净利"情况填列；
⑰年度净利：根据本年度利润表中的净利润填列；
⑱所有者权益合计 = ⑮股东资本 + ⑯利润留存 + ⑰年度净利；
⑲负债与所有者权益合计 = ⑭负债合计 + ⑱所有者权益合计。

模块四

商业对战　能力升级

第一年：感性认知

第二年：理性思考

第三年：数据决策

第四年：开源节流

第五年：科学管理

第六年：全面发展

模块四 商业对战 能力升级

第一年：感性认知

经过一番筹备，各个团队都成功创立了自己的企业，如今我们已整装待发，准备迎接新的挑战。

第一年为我们的感性认知之旅，感性认知要求我们先认识企业的全貌，熟悉企业的主要运作流程，理解企业盈利的方式。通过第一年的经营运作，我们也将找到企业经营的本质是什么、如何洞察市场等问题的答案。

下面就让我们一起走进感性认知之旅吧，直观感受企业的经营场景，体验各岗位的工作内容，形成对企业经营的整体认知。以问题为导向；寻找解决之策，树立问题思维。

活动一　活动打卡

活动记录表

姓名：_____　　学号：_____　　组别：_____

打卡记录	打卡方式：请在相应的活动所对应的圆圈内打"√" 活动1　　活动2　　活动3　　活动4 　○　　　　○　　　　○　　　　○
前期回顾	请回顾前期活动内容，总结知识点及重点关注内容 1. 完成企业筹建 2. 认识商业规则 3. 熟悉表单填制
本期活动	请提前预习，了解本期活动详情，为工作做好准备 1. 认识企业经营本质 2. 洞察市场发展规律 3. 完成企业第一年经营与核算 4. 企业信息收集与团队总结 5. 利用问题思维反思岗位工作
工作计划	请根据本期活动，制订工作计划，并简述出来
主题分享	请准备2~3分钟的分享发言要点，包含前期回顾和本期计划等内容

场景化企业模拟经营

活动二 挖掘商业机会

活动介绍

企业的存在是基于市场需求，市场的需求就是企业发展的商业机会。如何发现商业机会、挖掘商业机会是创办企业的第一步，本节任务可以让我们了解什么是商业机会以及如何发现商业机会。

一、认识企业经营本质

每一个在商海中浮沉的企业都是一个自负盈亏的经营实体，而维持一个企业长久运作的基本前提是源源不断的利润。这不但能够让企业有相对稳定的资金流进行日常周转，更使企业有充足的资本对未来进行筹划与发展。

企业经营的本质是企业利用一定的经济资源，通过向社会提供产品和服务，获取利润。

有些企业老板发现银行账上有很多资金，于是觉得企业赚了很多钱，等到年底财务核算的时候，却发现企业是亏损的，觉得难以理解。这是怎么回事呢？你知道利润从哪里来吗？

请根据你自己的理解写出利润的计算公式：

二、洞察市场发展规律

从宏观来讲，企业想要持续经营，想要在竞争激烈的环境中生存，想要盈利，必须要有精准的航向和目标，因而需要对所在市场环境进行深入分析及准确定位其未来走向。

从微观而言，每一年的市场行情都在发生微妙的变化，如单价、数量、收入等，你能根据市场行情表找到规律进行分析吗？

假设你所在的企业拥有P1、P2两种产品，同时也拥有本地、区域两个市场，假设前四年市场中P1、P2两种产品的单价及数量情况如表4-1所示，请在观察并思考后写下你对市场及产品情况的分析。

表4-1　　　　　　前四年 P1、P2 两种产品的单价及数量情况

年份及产品	数量及单价	数量（件）		单价（万元/件）	
		本地	区域	本地	区域
第一年	P1	40		5	
	P2				
第二年	P1	80		4.5	
	P2	40		5.3	
第三年	P1	64	40	3.9	4.2
	P2	50		5.5	
第四年	P1	63	56	3.8	4.0
	P2	60	58	5.4	5.8

请你尝试分析表4-1中的这些数据背后的商业信息。

1. 产品的需求趋势：＿＿＿

2. 产品的价格趋势：＿＿＿

3. 哪个产品利润高？＿＿

小贴士　　大多数中小企业在做战略规划时都面临着收集信息不够全面的情况，要做好市场洞察，需要整个企业的组织层面有方法、有路径地去做这件事。做市场洞察虽然看起来很难，但其实也是有一定的内在逻辑。华为做市场洞察有一套方法论，称为"五看"：看行业/趋势、看客户/市场、看竞争、看自己、看机会。

活动三　完成企业第一年经营与核算

活动介绍

各团队在教师的引领下，完成企业第一年的经营运行，体验企业经营流程，了解企业工作的步骤和顺序，熟悉不同职位的工作内容，熟悉规则的具体应用，掌握企业报表的填制方法。

一、年度规划

请总经理根据时空定量 PNF 模型，带领团队讨论今年企业的经营规划，并将讨论的内容填入表 4-2 中。

表 4-2　　　　　年度经营规划表（第一年）

P	上一年遗留问题	
N	本年要完成工作	
F	下一年相关计划	

二、投放广告费

请销售经理根据市场的供求情况，填报"企业广告费用登记表"（见附件1）中第一年的广告费用。

三、年度经营（第一年）

1. 总经理工作运行进度（见表4-3）

总经理工作运行进度表（第一年）

表4-3　　　　　　　　　　　　　　　_____企业

序号	请总经理在方格中根据企业工作进度做好标记（已完成的请打"√"）				
年初	年初现金余额（上一年的年末现金数）				
	提交营销方案/支付广告费				
	参加订货会/登记销售订单				
	支付税金（上一年的所得税）				
1	季初现金盘点（当前余额）				
2	更新贷款/还本付息（先偿还才能再贷款）				
3	申请贷款（每季20万/40万元，全年不超120万元）				
4	购买上一季度订购的原材料并入库				
5	订购下一季度原料订单				
6	更新生产/完工入库				
7	购买新生产线/生产线到位/变卖生产线				
8	开始下一批生产（支付加工费，每件产品1万元）				
9	更新应收款/应收款收现				
10	按订单交货（登记收回的货款收入）				
11	产品研发投资（P2生产资格证研发）				
12	支付行政管理费（每个季度1万元）				
13	其他现金收支情况登记				
14	现金流入合计				
15	现金支出合计（不含广告费支出）				
16	期末现金对账（每季末余额）				
年末	支付违约金				
	支付设备维护费（每条生产线1万元，在建忽略）				
	计提折旧（手工1，自动2，当年建成不用）				
	新市场开拓				
	结账（年末剩余现金数）				

2. 财务经理工作运行进度（见表4-4）

财务经理工作运行进度表（第一年）

表4-4　　　　　　　　　　　　　　＿＿＿＿＿＿＿＿＿＿企业

序号		请财务经理在方格中填写现金收支情况，收入用"＋"表示，支出用"－"表示，没有发生现金收支的打"√"。				
年初		年初现金余额（上一年的年末现金数）				
		提交营销方案/支付广告费				
		参加订货会/登记销售订单				
		支付税金（上一年的所得税）				
1		季初现金盘点（当前余额）				
2		更新贷款/还本付息（先偿还才能再贷款）				
3		申请贷款（每季20万/40万元，全年不超120万元）				
4		购买上一季度订购的原材料并入库				
5		订购下一季度原料订单				
6		更新生产/完工入库				
7		购买新生产线/生产线到位/变卖生产线				
8		开始下一批生产（支付加工费，每件产品1万元）				
9		更新应收款/应收款收现				
10		按订单交货（登记收回的货款收入）				
11		产品研发投资（P2生产资格证研发）				
12		支付行政管理费（每个季度1万元）				
13		其他现金收支情况登记				
14		现金流入合计				
15		现金支出合计（不含广告费支出）				
16		期末现金对账（每季末余额）				
年末		支付违约金				
		支付设备维护费（每条生产线1万元，在建忽略）				
		计提折旧（手工1，自动2，当年建成不用）				
		新市场开拓				
		结账（年末剩余现金数）				

3. 销售经理工作运行进度（见表4-5）

销售经理工作运行进度表（第一年）

表4-5　　　　　　　　　　　　　　　　　_____企业

序号	请销售经理完成每一季度的产品销售情况登记工作					
年初	年初现金余额（上一年的年末现金数）					
	提交营销方案/支付广告费					
	参加订货会/登记销售订单					
	支付税金（上一年的所得税）					
1	季初产品盘点（左边代表P1，右边代表P2）					
2	更新贷款/还本付息（先偿还才能再贷款）					
3	申请贷款（每季20万/40万元，全年不超120万元）					
4	购买上一季度订购的原材料并入库					
5	订购下一季度原料订单					
6	更新生产/完工入库（入库数量）					
7	购买新生产线/生产线到位/变卖生产线					
8	开始下一批生产（支付加工费，每件产品1万元）					
9	更新应收款/应收款收现					
10	按订单交货（交货数量）					
11	产品研发投资（P2生产资格证研发）					
12	支付行政管理费（每个季度1万元）					
13	其他现金收支情况登记					
14	本季产品入库合计					
15	本季产品出库合计					
16	本季末产品剩余情况					
年末	支付违约金					
	支付设备维护费（每条生产线1万元，在建忽略）					
	计提折旧（手工1，自动2，当年建成不用）					
	新市场开拓					
	结账（年末剩余现金数）					

4. 生产经理工作运行进度（见表4-6）

生产经理工作运行进度表（第一年）

表4-6　　　　　　　　　　　　　　　　_____企业

序号	请生产经理完成每一季度的产品上线与完工情况登记工作				
年初	年初现金余额（上一年的年末现金数）				
	提交营销方案/支付广告费				
	参加订货会/登记销售订单				
	支付税金（上一年的所得税）				
1	季初在产品盘点（左边代表P1，右边代表P2）				
2	更新贷款/还本付息（先偿还才能再贷款）				
3	申请贷款（每季20万/40万元，全年不超120万元）				
4	购买上一季订购的原材料并入库				
5	订购下一季原料订单				
6	更新生产/完工入库（下线数量）				
7	购买新生产线/生产线到位/变卖生产线				
8	开始下一批生产（上线数量）				
9	更新应收款/应收款收现				
10	按订单交货（登记收回的货款收入）				
11	产品研发投资（P2生产资格证研发）				
12	支付行政管理费（每个季度1万元）				
13	其他现金收支情况登记				
14	本季在产品上线合计				
15	本季在产品完工合计				
16	本季末在产品剩余情况				
年末	支付违约金				
	支付设备维护费（每条生产线1万元，在建忽略）				
	计提折旧（手工1，自动2，当年建成不用）				
	新市场开拓				
	结账（年末剩余现金数）				

5. 采购经理工作运行进度（见表4-7）

采购经理工作运行进度表（第一年）

表4-7　　　　　　　　　　　　　　　　　　企业

序号	请采购经理完成每一季度的材料采购与使用情况登记工作				
年初	年初现金余额（上一年的年末现金数）				
	提交营销方案/支付广告费				
	参加订货会/登记销售订单				
	支付税金（上一年的所得税）				
1	季初原材料盘点（左边代表R1，右边代表R2）				
2	更新贷款/还本付息（先偿还才能再贷款）				
3	申请贷款（每季20万/40万元，全年不超120万元）				
4	购买上一季订购的原材料并核算入库数量				
5	核算下一季原材料订单数量				
6	更新生产/完工入库				
7	购买新生产线/生产线到位/变卖生产线				
8	开始下一批生产（原材料出库数量）				
9	更新应收款/应收款收现				
10	按订单交货（登记收回的货款收入）				
11	产品研发投资（P2生产资格证研发）				
12	支付行政管理费（每个季度1万元）				
13	其他现金收支情况登记				
14	本季原材料入库情况				
15	本季原材料出库情况				
16	本季末原材料剩余情况				
年末	支付违约金				
	支付设备维护费（每条生产线1万元，在建忽略）				
	计提折旧（从净值里取，手工1，自动2）				
	新市场开拓				
	结账（年末剩余现金数）				

四、年度核算

年度核算有关表单如表 4-8 至表 4-12 所示。

表 4-8　　　　　　　　　　　订单登记表（第一年）

订单号							合计
市场							
产品							
数量							
账期							
销售额							
成本							
毛利							
未售							

表 4-9　　　　　　　　　　　产品核算统计表（第一年）

项目 \ 产品	P1	P2	合计
数量（件）			
销售额（万元）			
成本（万元）			
毛利（万元）			

表 4-10　　　　　　　综合管理费用明细表（第一年）　　　　　　单位：万元

项目	金额	备注
管理费		每季度 1 万元，一年 4 万元
广告费		根据年初实际投放的广告数确定
维修费		每条已建成生产线 1 万元
市场准入开拓费		开发区域市场证的费用
产品研发费		研发 P2 生产资格证的费用
其他费用		交易损失、违约金、其他损失
合计		

表 4-11　　　　　　　　　　　　　利润表（第一年）　　　　　　　　　　　　单位：万元

项目	算符	上年数	本年数
营业收入			
营业成本	-		
毛利	=		
综合管理费用	-		
折旧	-		
财务费用	-		
其他收入	+/-		
税前利润	=		
所得税费用	-		
净利润	=		

表 4-12　　　　　　　　　　　　　资产负债表（第一年）　　　　　　　　　　　单位：万元

资产	期初数	期末数	负债和所有者权益	期初数	期末数
流动资产：			负债：		
库存现金			银行贷款		
应收账款					
在制品			应交所得税		
产成品					
原材料					
流动资产合计			负债合计		
固定资产：			所有者权益：		
企业厂房			股东资本		
生产设备			利润留存		
在建工程			年度净利		
固定资产合计			所有者权益合计		
资产总计			负债和所有者权益总计		

活动四　企业信息收集与团队总结

活动介绍

请对第一年的模拟经营进行回顾和总结，进一步掌握各岗位的工作内容、规则应用、沙盘推演要求和表单填制，厘清岗位之间的协同关系。建立问题意识，能够针对问题形成解决的思路和方法。

一、收集行业信息

请各企业根据市场发布的信息和企业实物盘面，将收集的同行信息填至表 4-13 中，用于调整本企业年度策略。

表 4-13　同行企业信息收集表（第一年）

第一组		第二组	
年末资金		年末资金	
生产线		生产线	
证件开发		证件开发	
其他		其他	
第三组		第四组	
年末资金		年末资金	
生产线		生产线	
证件开发		证件开发	
其他		其他	
第五组		第六组	
年末资金		年末资金	
生产线		生产线	
证件开发		证件开发	
其他		其他	
第七组		第八组	
年末资金		年末资金	
生产线		生产线	
证件开发		证件开发	
其他		其他	

二、技能点思考

运用"问题思维"反思工作内容	
	问题思维首先要界定问题是什么,然后对问题进行分析,提出解决问题的办法,最后实施解决方案,解决问题。问题思维的目标是培养解决问题的能力。
总经理	流程问题
当企业在经营中出现盘面资金实有数与运行记录表登记数不一致时,可以从哪些方面着手检查呢? 解决方案:	
财务经理	资金问题
如何决定本季度是否需要贷款? 解决方案:	
销售经理	订单问题
订单都有哪些信息,你认为什么是好订单? 解决方案:	
生产经理	生产问题
生产产品具体需要哪些条件? 解决方案:	
采购经理	采购问题
原材料的采购数量如何确定? 解决方案:	

三、年度小结

第一年 思考与探索

姓名：_____ 学号：_____ 组别：_____

一、主题分享	通过本模块的学习你掌握了什么？
二、复盘总结	在本模块的学习中，你的表现如何？其中你的亮点是什么？有什么不足之处？
三、改进策略	针对本模块的内容，请从"问题思维"的角度，说说你的亮点如何加强？存在的不足如何改进？
四、重点关注	企业经营的本质是什么？"利润最大化是企业经营的唯一标准"，你认同这种观点吗？为什么？
五、下期计划	你需要进一步了解或解决的问题是什么？下期你的工作计划如何？对团队的工作计划有什么建议？

模块四 商业对战 能力升级

第二年：理性思考

经过企业经营首年的厉兵秣马，你是否已擦亮了双眼，明确了方向？你是否对自己的团队充满了信心？你是否对新一轮的征途跃跃欲试？

第二年为你们的理性思考之旅，理性思考要求我们考虑问题必须建立在数据和信息的基础上，不能拍脑袋决策、拍胸脯保证，最后拍屁股走人。通过第二年的经营运作，你将掌握企业经营循环、企业类型等知识。

接下来，开始你们的第二年经营，这一年将决定你的企业未来走势甚至影响最后结果。请大家理性对待，认真思考、谨慎决策，树立流程思维。

活动一 活动打卡

活动记录表

姓名：_____　　学号：_____　　组别：_____

打卡记录	打卡方式：请在相应的活动所对应的圆圈内打"√" 活动1　　活动2　　活动3　　活动4 　○―――○―――○―――○
前期回顾	请回顾前期活动内容，总结知识点及重点关注内容 1. 认识企业经营本质 2. 洞察市场发展规律 3. 完成企业第一年经营与核算 4. 企业信息收集与团队总结 5. 利用问题思维反思岗位工作
本期活动	请提前预习，了解本期活动详情，为工作做好准备 1. 认识企业经营循环 2. 了解企业的类型 3. 了解企业的资金来源 4. 完成企业第二年经营与核算 5. 企业信息收集与团队总结 6. 利用"事件管理"原则确认岗位工作内容
工作计划	请根据本期活动，制订工作计划，并简述出来
主题分享	请准备2~3分钟的分享发言要点，包含前期回顾和本期计划等内容

活动二 体验经营循环

活动介绍

企业经营是一个循环的过程，通过这种循环实现获利能力，认识了企业经营循环才能全面了解企业的运作方式。那么企业经营循环的过程是什么、循环的主体是什么、不同企业是否有不一样的循环特征，这些问题将在本节内容中找到答案。

一、认识企业经营循环

企业月复一月、年复一年的持续经营，终有其规律。我们发现在企业经营的过程中，总有一些特殊的时间处理类似的工作，如年初的规划会议、年末的报表核算等。企业的经营是不断循环上升的。

企业经营循环指的是企业的经营活动从获得资金开始，然后用资金购置各类资产，再由资产运作产生产品，最后销售产品收到资金结束，收到资金后又开始下一轮的循环。

企业经营循环示意如图4-1所示。

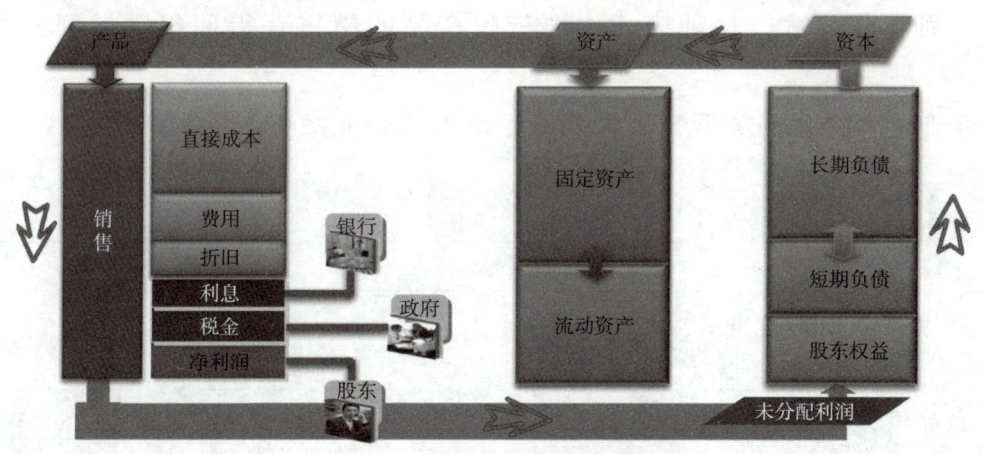

图4-1 企业经营循环示意图

企业经营循环的本质是资金的循环，目的是获利。回报的资金大于投资的资金，就是好的循环，企业处于盈利状态。如果回报的资金小于投资的资金，企业则面临亏损的境界。

企业的资产和企业的资本一定是相等的，我们称之为会计恒等式。企业有多少资产就一定会有等量的资本，只是有时候这些资本的来源不一样，有的是借贷的，有的是股东投资的，有的是企业自己赚的。

根据你的企业情况,请你写出其当前的资产和资本的情况:

固定资产(　　) + 流动资产(　　) = 负债(　　) + 所有者权益(　　)

二、企业的类型

根据资金在企业经营过程中循环的范围我们可以将企业类型分为资本经营类企业、资产经营类企业、商品经营类企业。

(1) 资本经营类企业。这类企业的经营循环是一个从资金到资本再到资金的过程,通俗来讲就是用钱来赚钱,属于经营循环里范围最小的循环。这种企业一般直接从事资本投资业务,通过投资发展潜力较好的企业,获得投资回报。举例:如银行提供贷款服务。

(2) 资产经营类企业。这类企业的经营循环是一个从资金到资产,资产再到资金的过程。这种企业一般将资金投入到一些大型资产领域,通过资产的增值或者租赁获得投资回报。举例:如房地产公司。

(3) 商品经营类企业。这类企业的经营循环是一个从资金到资产,资产运作产生产品,产品销售后再回到资金的过程,属于经营循环里范围最大的循环。市面上很多企业都是这种运作模式,这种模式主要依赖产品的销售获得回报。举例:如手机生产商。

根据企业经营循环的类型,请你列举生活中的企业案例。

1. 资本经营类的企业:_____

2. 资产经营类的企业:_____

3. 商品经营类的企业:_____

三、企业资金的来源

资金是企业循环的主体，企业必须要有充沛的资金才可以做好经营循环工作。企业的资金来源主要包括股东投入和银行融资。股东的投入一般发生在企业的筹建之初，以及一些经营过程中的关键环节。企业的日常工作资金周转则需要靠一定程度的银行借款。

负债经营是企业经营中的一个特点，企业要想抓住商机，快速发展壮大，光靠自身的资本是不行的，需要依靠外界的资本，需要懂得用"钱"生"钱"的原理，需要学会利用负债带来的财务杠杆。

一根针无法做到两端都锋利，大量的贷款必然会增加财务风险。企业负债多少比较合适？不同行业有着不同的标准。高负债率的企业是由行业性质决定的，比如金融业整体负债率都比较高，其负债率达90%左右。其次是房地产行业，其资产负债率也达到了75%左右。作为普通制造业的企业一般可以保持在60%左右，我们的模拟企业属于普通制造业，各团队要适当考虑自己企业的银行贷款额度。

企业经营管理者要有风险意识，高风险高回报，低风险回报也低。对于风险意识的把握要取决于对市场预期的判断，如果未来市场是不断扩大的，企业经营管理者就需要审时度势，抓住发展机会，做好前期投入，争取未来的收益。

请各企业根据市场未来预测数据，规划企业需要在第二年就投入的设备及相关内容，以及资金需求情况。

1. 拟投入建设的设备：_____
2. 拟研发、开发的内容：_____
3. 需要的资金总量：_____
4. 需要贷款的额度：_____

小贴士　企业发展是需要理性的，企业家必须拥有理性思维才能在企业决策中做出准确的判断。决策分为两大类：一类是日常决策；另一类是重大决策。那么理性决策怎么做？其实很简单，就是训练自己掌握理性决策的步骤，一旦这些步骤成为你的思维习惯，你也就具有了理性决策的能力。理性决策包含的7个步骤：识别问题、确定标准、分配权重、拟订方案、分析方案、选择方案、执行方案。

活动三 完成企业第二年经营与核算

活动介绍

第二年经营为各企业团队首个独立经营年，结合企业第一年经营的感性认知与操作经验，在第二年的经营中，各企业要建立用数据说话的思维，理性思考各种决策，构建平稳的资金流、物流、生产流，并结合市场情况，进一步明确企业未来营销策划方向。

一、年度规划

请总经理根据时空定量 PNF 模型，带领团队讨论今年企业的经营规划，并将讨论的内容填入表 4-14 中。

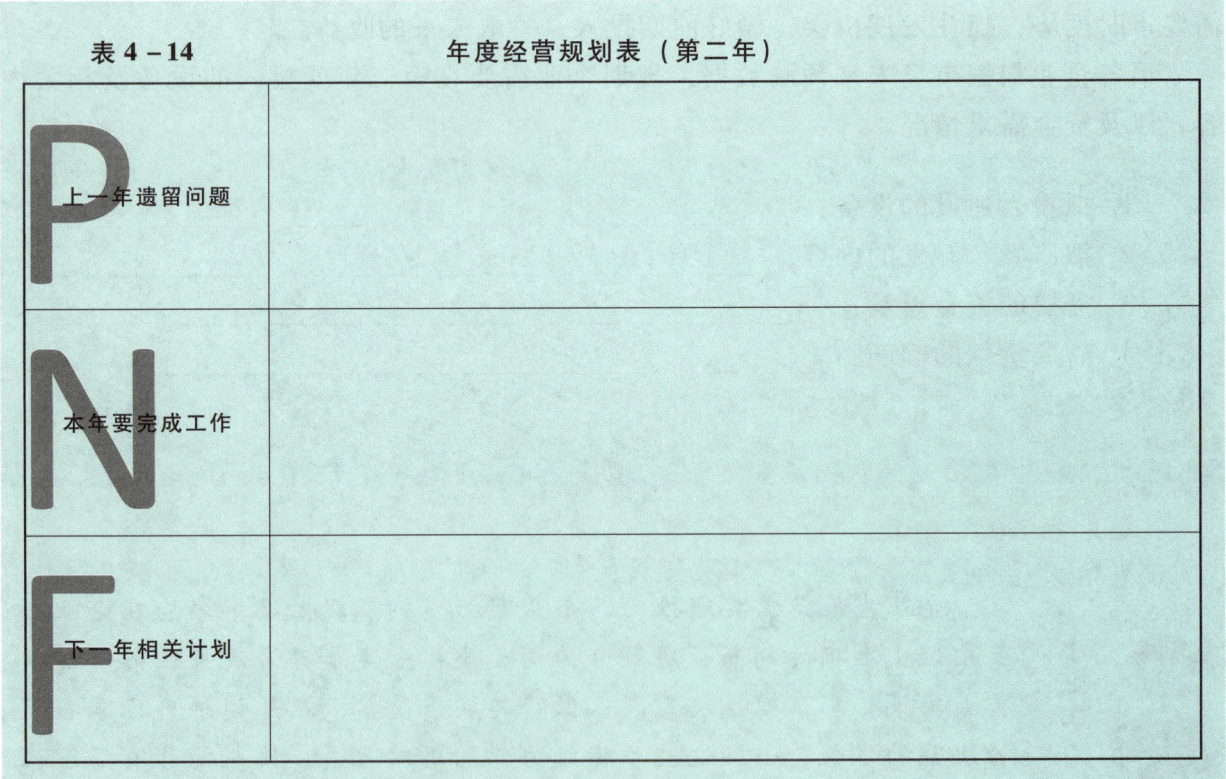

表 4-14　　　　年度经营规划表（第二年）

P 上一年遗留问题	
N 本年要完成工作	
F 下一年相关计划	

二、投放广告费

请销售经理根据市场的供求情况，填报"广告费用登记表"（见附件1）中第二年的广告费用。

三、年度经营（第二年）

1. 总经理工作运行进度（见表4-15）

总经理工作运行进度表（第二年）

表4-15　　　　　　　　　　　　　　　　_____企业

序号	请总经理在方格中根据企业工作进度做好标记（已完成的请打"√"）				
年初	年初现金余额（上一年的年末现金数）				
	提交营销方案/支付广告费				
	参加订货会/登记销售订单				
	支付税金（上一年的所得税）				
1	季初现金盘点（当前余额）				
2	更新贷款/还本付息（先偿还才能再贷款）				
3	申请贷款（每季20万/40万元，全年不超120万元）				
4	购买上一季度订购的原材料并入库				
5	订购下一季度原料订单				
6	更新生产/完工入库				
7	购买新生产线/生产线到位/变卖生产线				
8	开始下一批生产（支付加工费，每件产品1万元）				
9	更新应收款/应收款收现				
10	按订单交货（登记收回的货款收入）				
11	产品研发投资（P2生产资格证研发）				
12	支付行政管理费（每个季度1万元）				
13	其他现金收支情况登记				
14	现金流入合计				
15	现金支出合计（不含广告费支出）				
16	期末现金对账（每季末余额）				
年末	支付违约金				
	支付设备维护费（每条生产线1万元，在建忽略）				
	计提折旧（手工1，自动2，当年建成不用）				
	新市场开拓				
	结账（年末剩余现金数）				

2. 财务经理工作运行进度（见表4-16）

财务经理工作运行进度表（第二年）

表4-16　　　　　　　　　　　　　　　　　＿＿＿＿＿＿＿＿＿＿＿＿企业

序号	请财务经理在方格中填写现金收支情况，收入用"+"表示，支出用"-"表示，没有发生现金收支的打"√"。				
年初	年初现金余额（上一年的年末现金数）				
	提交营销方案/支付广告费				
	参加订货会/登记销售订单				
	支付税金（上一年的所得税）				
1	季初现金盘点（当前余额）				
2	更新贷款/还本付息（先偿还才能再贷款）				
3	申请贷款（每季20万/40万元，全年不超120万元）				
4	购买上一季度订购的原材料并入库				
5	订购下一季度原料订单				
6	更新生产/完工入库				
7	购买新生产线/生产线到位/变卖生产线				
8	开始下一批生产（支付加工费，每件产品1万元）				
9	更新应收款/应收款收现				
10	按订单交货（登记收回的货款收入）				
11	产品研发投资（P2生产资格证研发）				
12	支付行政管理费（每个季度1万元）				
13	其他现金收支情况登记				
14	现金流入合计				
15	现金支出合计（不含广告费支出）				
16	期末现金对账（每季末余额）				
年末	支付违约金				
	支付设备维护费（每条生产线1万元，在建忽略）				
	计提折旧（手工1，自动2，当年建成不用）				
	新市场开拓				
	结账（年末剩余现金数）				

3. 销售经理工作运行进度（见表4-17）

销售经理工作运行进度表（第一年）

表4-17　　　　　　　　　　　　_____企业

序号	请销售经理完成每一季度的产品销售情况登记工作				
年初	年初现金余额（上一年的年末现金数）				
	提交营销方案/支付广告费				
	参加订货会/登记销售订单				
	支付税金（上一年的所得税）				
1	季初产品盘点（左边代表P1，右边代表P2）				
2	更新贷款/还本付息（先偿还才能再贷款）				
3	申请贷款（每季20万/40万元，全年不超120万元）				
4	购买上一季度订购的原材料并入库				
5	订购下一季度原料订单				
6	更新生产/完工入库（入库数量）				
7	购买新生产线/生产线到位/变卖生产线				
8	开始下一批生产（支付加工费，每件产品1万元）				
9	更新应收款/应收款收现				
10	按订单交货（交货数量）				
11	产品研发投资（P2生产资格证研发）				
12	支付行政管理费（每个季度1万元）				
13	其他现金收支情况登记				
14	本季产品入库合计				
15	本季产品出库合计				
16	本季末产品剩余情况				
年末	支付违约金				
	支付设备维护费（每条生产线1万元，在建忽略）				
	计提折旧（手工1，自动2，当年建成不用）				
	新市场开拓				
	结账（年末剩余现金数）				

4. 生产经理工作运行进度（见表 4-18）

生产经理工作运行进度表（第二年）

表 4-18　　　　　　　　　　　　　　　　　　　　　　　＿＿＿＿＿＿＿＿＿＿企业

序号	请生产经理完成每一季度的产品上线与完工情况登记工作				
年初	年初现金余额（上一年的年末现金数）				
	提交营销方案/支付广告费				
	参加订货会/登记销售订单				
	支付税金（上一年的所得税）				
1	季初在产品盘点（左边代表P1，右边代表P2）				
2	更新贷款/还本付息（先偿还才能再贷款）				
3	申请贷款（每季20万/40万元，全年不超120万元）				
4	购买上一季订购的原材料并入库				
5	订购下一季原料订单				
6	更新生产/完工入库（下线数量）				
7	购买新生产线/生产线到位/变卖生产线				
8	开始下一批生产（上线数量）				
9	更新应收款/应收款收现				
10	按订单交货（登记收回的货款收入）				
11	产品研发投资（P2生产资格证研发）				
12	支付行政管理费（每个季度1万元）				
13	其他现金收支情况登记				
14	本季在产品上线合计				
15	本季在产品完工合计				
16	本季末在产品剩余情况				
年末	支付违约金				
	支付设备维护费（每条生产线1万元，在建忽略）				
	计提折旧（手工1，自动2，当年建成不用）				
	新市场开拓				
	结账（年末剩余现金数）				

5. 采购经理工作运行进度（见表4-19）

采购经理工作运行进度表（第二年）

表4-19 _____企业

序号	请采购经理完成每一季度的材料采购与使用情况登记工作				
年初	年初现金余额（上一年的年末现金数）				
	提交营销方案/支付广告费				
	参加订货会/登记销售订单				
	支付税金（上一年的所得税）				
1	季初原材料盘点（左边代表R1，右边代表R2）				
2	更新贷款/还本付息（先偿还才能再贷款）				
3	申请贷款（每季20万/40万元，全年不超120万元）				
4	购买上一季订购的原材料并核算入库数量				
5	核算下一季原材料订单数量				
6	更新生产/完工入库				
7	购买新生产线/生产线到位/变卖生产线				
8	开始下一批生产（原材料出库数量）				
9	更新应收款/应收款收现				
10	按订单交货（登记收回的货款收入）				
11	产品研发投资（P2生产资格证研发）				
12	支付行政管理费（每个季度1万元）				
13	其他现金收支情况登记				
14	本季原材料入库情况				
15	本季原材料出库情况				
16	本季末原材料剩余情况				
年末	支付违约金				
	支付设备维护费（每条生产线1万元，在建忽略）				
	计提折旧（从净值里取，手工1，自动2）				
	新市场开拓				
	结账（年末剩余现金数）				

四、年度核算

年度核算有关表单如表4-20至表4-24所示。

表4-20　　　　　　　　　　订单登记表（第二年）

订单号								合计
市场								
产品								
数量								
账期								
销售额								
成本								
毛利								
未售								

表4-21　　　　　　　　　　产品核算统计表（第二年）

项目＼产品	P1	P2	合计
数量（件）			
销售额（万元）			
成本（万元）			
毛利（万元）			

表4-22　　　　　　　　　综合管理费用明细表（第二年）　　　　　　　　　单位：万元

项目	金额	备注
管理费		每季度1万元，一年4万元
广告费		根据年初实际投放的广告数确定
维修费		每条已建成生产线1万元
市场准入开拓费		开发区域市场证的费用
产品研发费		研发P2生产资格证的费用
其他费用		交易损失、违约金、其他损失
合计		

表4-23　　　　　　　　　　　　　　　利润表（第二年）　　　　　　　　　　　　　单位：万元

项目	算符	上年数	本年数
营业收入			
营业成本	-		
毛利	=		
综合管理费用	-		
折旧	-		
财务费用	-		
其他收入	+/-		
税前利润	=		
所得税费用	-		
净利润	=		

表4-24　　　　　　　　　　　　　　　资产负债表（第二年）　　　　　　　　　　　　单位：万元

资产	期初数	期末数	负债和所有者权益	期初数	期末数
流动资产：			负债：		
库存现金			银行贷款		
应收账款					
在制品			应交所得税		
产成品					
原材料					
流动资产合计			负债合计		
固定资产：			所有者权益：		
企业厂房			股东资本		
生产设备			利润留存		
在建工程			年度净利		
固定资产合计			所有者权益合计		
资产总计			负债和所有者权益总计		

活动四 企业信息收集与团队总结

> **活动介绍**
> 请对第二年的模拟经营进行回顾和总结，进一步理解企业的经营循环，明确企业经营的本质。要明晰企业经营环节中的关键因素，理性对待决策过程。合理安排好各类事务的工作顺序，建立事务管理思维。

一、收集行业信息

请各企业根据市场发布的信息和企业实物盘面，将收集的同行信息填至表 4-25 中，用于调整本企业年度策略。

表 4-25　　　　同行企业信息收集表（第二年）

第一组		第二组	
年末资金		年末资金	
生产线		生产线	
证件开发		证件开发	
其他		其他	
第三组		第四组	
年末资金		年末资金	
生产线		生产线	
证件开发		证件开发	
其他		其他	
第五组		第六组	
年末资金		年末资金	
生产线		生产线	
证件开发		证件开发	
其他		其他	
第七组		第八组	
年末资金		年末资金	
生产线		生产线	
证件开发		证件开发	
其他		其他	

二、技能点思考

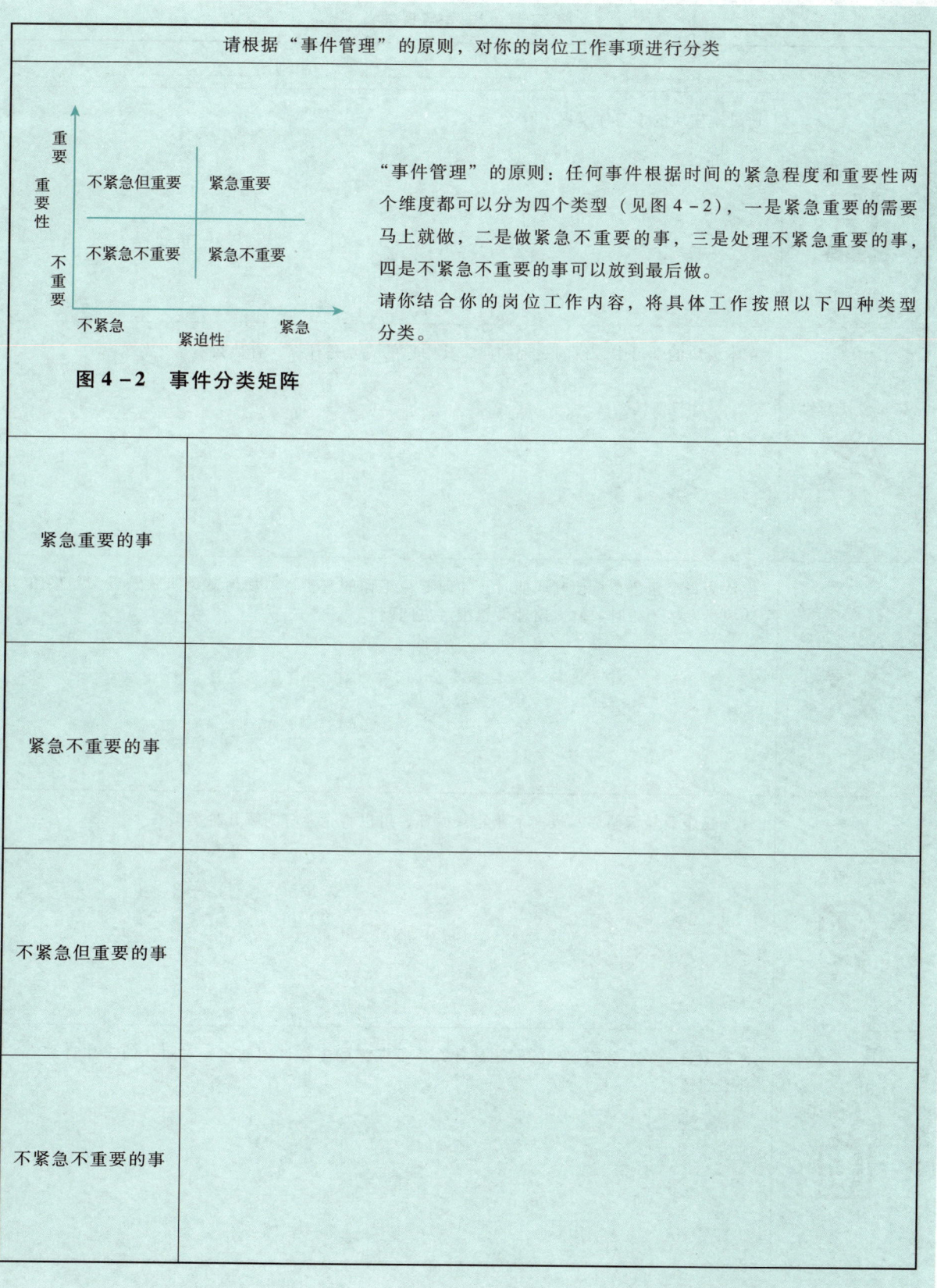

请根据"事件管理"的原则，对你的岗位工作事项进行分类

"事件管理"的原则：任何事件根据时间的紧急程度和重要性两个维度都可以分为四个类型（见图 4-2），一是紧急重要的需要马上就做，二是做紧急不重要的事，三是处理不紧急重要的事，四是不紧急不重要的事可以放到最后做。

请你结合你的岗位工作内容，将具体工作按照以下四种类型分类。

图 4-2　事件分类矩阵

紧急重要的事	
紧急不重要的事	
不紧急但重要的事	
不紧急不重要的事	

三、年度小结

第二年　思考与探索

姓名：＿＿＿＿＿＿　　学号：＿＿＿＿＿＿　　组别：＿＿＿＿＿＿

一、主题分享	通过本模块的学习你掌握了什么知识？
二、复盘总结	在本模块的学习中，你的表现如何？其中你的亮点是什么？有什么不足之处？
三、改进策略	你认为每个角色在行使其职能时，如何避免工作的盲目性？如何避免团队矛盾？如果团队成员发生矛盾时如何运用理性思维解决问题？
四、重点关注	什么是企业经营循环？根据企业经营循环，可以将企业分为哪几种类型？
五、下期计划	你需要进一步了解或解决的问题是什么？下期你的工作计划如何？对团队的工作计划有什么建议？

模块四 商业对战 能力升级

第三年：数据决策

经过两年的经营，你是否感受到战略规划对企业经营发展的重要性？想要保持优胜地位，必须认真谋划企业发展策略。

第三年的经营主题是数据决策，基于数据获取信息，基于信息制定决策。企业经营成败的关键在于决策，决策正确与否的关键在于信息是否充分。通过第三年的模拟经营，你将对客户需求、竞争对手、市场规模有准确的认识，对企业内部的产能、资金、产品信息有准确的把握。同时，还要善于用数据说话，用翔实可靠的数据来支持决策。

下面就让我们一起走进数据决策之旅，明确企业哪些决策必须建立在数据的基础上，通过掌握数据计算方法，提高决策效率，树立数据思维。

81

活动一 活动打卡

活动记录表

姓名：＿＿＿＿＿＿　　学号：＿＿＿＿＿＿　　组别：＿＿＿＿＿＿

打卡记录	打卡方式：请在相应的活动所对应的圆圈内打"√" 活动1　　活动2　　活动3　　活动4 ○─────○─────○─────○
前期回顾	请回顾前期活动内容，总结知识点及重点关注内容 1. 认识企业经营循环 2. 了解企业的类型 3. 了解企业的资金来源 4. 完成企业第二年经营与核算 5. 企业信息收集与团队总结 6. 利用"事件管理"原则确认岗位工作内容
本期活动	请提前预习，了解本期活动详情，为工作做好准备 1. 学会产能计算 2. 掌握采购计划制订 3. 完成企业第三年经营与核算 4. 企业信息收集与团队总结 5. 利用"四项法"原则确认定位产品类型
工作计划	请根据本期活动，制订工作计划，并简述出来
主题分享	请准备2~3分钟的分享发言要点，包含前期回顾和本期计划等内容

活动二 善用数据说话

活动介绍

在沙盘经营中，用数据说话即梳理和分析数据是最重要的原则之一。结合前两年的经营成果，对市场需求、生产能力、材料采购和资金预算等的分析程度与企业营销方案策划和实施息息相关。用数据说话是做各种决策的重要前提。

每个团队每年都要花较长时间讨论各种决策，主要围绕的就是广告费投资多少、贷多少款、订多少原材料、建什么生产线等，所有这些问题需要建立在充分的信息基础上，而信息来源于对数据的整理与分析。

一、产能计算

生产能力是企业重要的竞争力，不同设备的配置对产能影响很大，准确把握企业产能对营销和采购工作有着重要影响，产能计算有周期规律，图 4-3 所示是不同生产线的在制品在不同状态下生产能力的参考图。

年初	第一季度	第二季度	第三季度	第四季度
手工生产线				产出
手工生产线			产出	
手工生产线		产出		
手工生产线	产出			产出
全自动生产线		产出	产出	产出
全自动生产线	产出	产出	产出	产出

图 4-3 不同生产线的在制品在不同状态下的生产能力参考图

根据图 4-3 的生产能力参考图，请计算出你的企业第三年按目前的生产规模状态下每个季度产出的产品数量是多少？并将计算结果填至表 4-26 中。

表4-26		每个季度产出的产品数量计算表			单位：万元
产品＼时间	第一季度	第二季度	第三季度	第四季度	合计
P1					
P2					

二、原材料订购

在企业经营中，购买原材料需要支付一定的资金，而原材料库存本身不会产生利润。因此，原材料库存越多，占用的资金越多，同时就会降低资金周转率。所以，减少库存是企业节流的一项重要举措，根据"最优化"原则要达到"既不出现物料短缺，又不出现库存积压"的状态，具体需要考虑的要素如图4-4所示。

图4-4 原材料订购要素结构图

根据产品材料组成，请计算出你的企业第三年按目前的生产线规模状态下，每个季度原材料的需求计划，将计算结果填至表4-27中。

表4-27		每个季度原材料需求计划计算表			单位：万元
原材料＼时间	第一季度	第二季度	第三季度	第四季度	合计
R1					
R2					

小贴士 大数据时代的到来，数据作为关键生产要素，已快速融入生产、流通等各环节。企业将不规范、没有数据化的信息和业务转化为数字，制定数据化目标，获得专业的数据分析能力，运用数据思维解决工作难题。我国具有数据规模和数据应用优势，积极探索推进数据要素进入市场化，加快构建以数据为关键要素的数字经济，对构建新发展格局、推动高质量发展具有重要意义。在此背景下，我们青年应积极投身数字经济浪潮，助力国家发展新征程。

活动三　完成企业第三年经营与核算

活动介绍

根据数据决策的要求，请各团队独立完成企业第三年的经营运行，在运营的过程中就关键的决策点要进行详细的数据计算和分析，让数据说话，让企业的决策过程建立在数据分析的基础上。

一、年度规划

请总经理根据时空定量PNF模型，带领团队讨论今年企业的经营规划，并将讨论的内容填入表4-28中。

表4-28　　　　　　　　年度经营规划表（第三年）

P 上一年遗留问题	
N 本年要完成工作	
F 下一年相关计划	

二、投放广告费

请销售经理根据市场的供求情况，填报"广告费用登记表"（见附件1）中第三年的广告费用。

三、年度经营（第三年）

1. 总经理工作运行进度（见表4-29）

总经理工作运行进度表（第三年）

表4-29　　　　　　　　　　　　　　　　　企业

序号	请总经理在方格中根据企业工作进度做好标记（已完成的请打"√"）				
年初	年初现金余额（上一年的年末现金数）				
	提交营销方案/支付广告费				
	参加订货会/登记销售订单				
	支付税金（上一年的所得税）				
1	季初现金盘点（当前余额）				
2	更新贷款/还本付息（先偿还才能再贷款）				
3	申请贷款（每季20万/40万，全年不超120万元）				
4	购买上一季度订购的原材料并入库				
5	订购下一季度原料订单				
6	更新生产/完工入库				
7	购买新生产线/生产线到位/变卖生产线				
8	开始下一批生产（支付加工费，每件产品1万元）				
9	更新应收款/应收款收现				
10	按订单交货（登记收回的货款收入）				
11	产品研发投资（P2生产资格证研发）				
12	支付行政管理费（每个季度1万元）				
13	其他现金收支情况登记				
14	现金流入合计				
15	现金支出合计（不含广告费支出）				
16	期末现金对账（每季末余额）				
年末	支付违约金				
	支付设备维护费（每条生产线1万元，在建忽略）				
	计提折旧（手工1，自动2，当年建成不用）				
	新市场开拓				
	结账（年末剩余现金数）				

2. 财务经理工作运行进度（见表4-30）

财务经理工作运行进度表（第三年）

表4-30　　　　　　　　　　　　　　　　　　企业

序号	请财务经理在方格中填写现金收支情况，收入用"+"表示，支出用"-"表示，没有发生现金收支的可打"√"。				
年初	年初现金余额（上一年的年末现金数）				
	提交营销方案/支付广告费				
	参加订货会/登记销售订单				
	支付税金(上一年的所得税)				
1	季初现金盘点（当前余额）				
2	更新贷款/还本付息（先偿还才能再贷款）				
3	申请贷款（每季20万/40万元，全年不超120万元）				
4	购买上一季度订购的原材料并入库				
5	订购下一季度原料订单				
6	更新生产/完工入库				
7	购买新生产线/生产线到位/变卖生产线				
8	开始下一批生产（支付加工费，每件产品1万元）				
9	更新应收款/应收款收现				
10	按订单交货（登记收回的货款收入）				
11	产品研发投资（P2生产资格证研发）				
12	支付行政管理费（每个季度1万元）				
13	其他现金收支情况登记				
14	现金流入合计				
15	现金支出合计（不含广告费支出）				
16	期末现金对账（每季末余额）				
年末	支付违约金				
	支付设备维护费（每条生产线1万元，在建忽略）				
	计提折旧（手工1，自动2，当年建成不用）				
	新市场开拓				
	结账（年末剩余现金数）				

3. 销售经理工作运行进度（见表4-31）

销售经理工作运行进度表（第三年）

表4-31　　　　　　　　　　　　　　　　　　企业

序号	请销售经理完成每一季度的产品销售情况登记工作				
年初	年初现金余额（上一年的年末现金数）				
	提交营销方案/支付广告费				
	参加订货会/登记销售订单				
	支付税金（上一年的所得税）				
1	季初产品盘点（左边代表P1，右边代表P2）				
2	更新贷款/还本付息（先偿还才能再贷款）				
3	申请贷款（每季20万/40万元，全年不超120万元）				
4	购买上一季度订购的原材料并入库				
5	订购下一季度原料订单				
6	更新生产/完工入库（入库数量）				
7	购买新生产线/生产线到位/变卖生产线				
8	开始下一批生产（支付加工费，每件产品1万元）				
9	更新应收款/应收款收现				
10	按订单交货（交货数量）				
11	产品研发投资（P2生产资格证研发）				
12	支付行政管理费（每个季度1万元）				
13	其他现金收支情况登记				
14	本季产品入库合计				
15	本季产品出库合计				
16	本季末产品剩余情况				
年末	支付违约金				
	支付设备维护费（每条生产线1万元，在建忽略）				
	计提折旧（手工1，自动2，当年建成不用）				
	新市场开拓				
	结账（年末剩余现金数）				

4. 生产经理工作运行进度（见表4-32）

生产经理工作运行进度表（第三年）

表4-32　　　　　　　　　　　　　　　　　　＿＿＿＿＿＿＿＿＿＿企业

序号	请生产经理完成每一季度的产品上线与完工情况登记工作				
年初	年初现金余额（上一年的年末现金数）				
	提交营销方案/支付广告费				
	参加订货会/登记销售订单				
	支付税金（上一年的所得税）				
1	季初在产品盘点（左边代表P1，右边代表P2）				
2	更新贷款/还本付息（先偿还才能再贷款）				
3	申请贷款（每季20万/40万元，全年不超120万元）				
4	购买上一季订购的原材料并入库				
5	订购下一季原料订单				
6	更新生产/完工入库（下线数量）				
7	购买新生产线/生产线到位/变卖生产线				
8	开始下一批生产（上线数量）				
9	更新应收款/应收款收现				
10	按订单交货（登记收回的货款收入）				
11	产品研发投资（P2生产资格证研发）				
12	支付行政管理费（每个季度1万元）				
13	其他现金收支情况登记				
14	本季在产品上线合计				
15	本季在产品完工合计				
16	本季末在产品剩余情况				
年末	支付违约金				
	支付设备维护费（每条生产线1万元，在建忽略）				
	计提折旧（手工1，自动2，当年建成不用）				
	新市场开拓				
	结账（年末剩余现金数）				

5. 采购经理工作运行进度（见表4-33）

采购经理工作运行进度表（第三年）

表4-33　　　　　　　　　　　　　　　　＿＿＿＿＿＿＿＿＿企业

序号	请采购经理完成每一季度的材料采购与使用情况登记工作				
年初	年初现金余额（上一年的年末现金数）				
	提交营销方案/支付广告费				
	参加订货会/登记销售订单				
	支付税金（上一年的所得税）				
1	季初原材料盘点（左边代表R1，右边代表R2）				
2	更新贷款/还本付息（先偿还才能再贷款）				
3	申请贷款（每季20万/40万元，全年不超120万元）				
4	购买上一季订购的原材料并核算入库数量				
5	核算下一季原材料订单数量				
6	更新生产/完工入库				
7	购买新生产线/生产线到位/变卖生产线				
8	开始下一批生产（原材料出库数量）				
9	更新应收款/应收款收现				
10	按订单交货（登记收回的货款收入）				
11	产品研发投资（P2生产资格证研发）				
12	支付行政管理费（每个季度1万元）				
13	其他现金收支情况登记				
14	本季原材料入库情况				
15	本季原材料出库情况				
16	本季末原材料剩余情况				
年末	支付违约金				
	支付设备维护费（每条生产线1万元，在建忽略）				
	计提折旧（从净值里取，手工1，自动2）				
	新市场开拓				
	结账（年末剩余现金数）				

四、年度核算

年度核算有关表单如表4-34至表4-38所示。

表4-34　　　　　　　　　　订单登记表（第三年）

订单号									合计
市场									
产品									
数量									
账期									
销售额									
成本									
毛利									
未售									

表4-35　　　　　　　　　　产品核算统计表（第三年）

项目＼产品	P1	P2	合计
数量（件）			
销售额（万元）			
成本（万元）			
毛利（万元）			

表4-36　　　　　　　　　　综合管理费用明细表（第三年）　　　　　　　　　　单位：万元

项目	金额	备注
管理费		每季度1万元，一年4万元
广告费		根据年初实际投放的广告数确定
维修费		每条已建成生产线1万元
市场准入开拓费		开发区域市场证的费用
产品研发费		研发P2生产资格证的费用
其他费用		交易损失、违约金、其他损失
合计		

表 4-37　　　　　　　　　　　　　利润表（第三年）　　　　　　　　　　　　　单位：万元

项目	算符	上年数	本年数
营业收入			
营业成本	-		
毛利	=		
综合管理费用	-		
折旧	-		
财务费用	-		
其他收入	+/-		
税前利润	=		
所得税费用	-		
净利润	=		

表 4-38　　　　　　　　　　　　　资产负债表（第三年）　　　　　　　　　　　　单位：万元

资产	期初数	期末数	负债和所有者权益	期初数	期末数
流动资产：			负债：		
库存现金			银行贷款		
应收账款					
在制品			应交所得税		
产成品					
原材料					
流动资产合计			负债合计		
固定资产：			所有者权益：		
企业厂房			股东资本		
生产设备			利润留存		
在建工程			年度净利		
固定资产合计			所有者权益合计		
资产总计			负债和所有者权益总计		

活动四 企业信息收集与团队总结

活动介绍

请对第三年的模拟经营进行回顾和总结,进一步理解数据决策的内涵。基于行业信息的收集,做好企业发展定位与分析。建立"四项法"分析思维,准备定位和描述市场不同维度的状态。

一、收集行业信息

请各企业根据市场发布的信息和企业实物盘面,将收集的同行信息填至表4-39中,用于调整本企业年度策略。

表4-39　　　　　　同行企业信息收集表(第三年)

第一组		第二组	
年末资金		年末资金	
生产线		生产线	
证件开发		证件开发	
其他		其他	
第三组		第四组	
年末资金		年末资金	
生产线		生产线	
证件开发		证件开发	
其他		其他	
第五组		第六组	
年末资金		年末资金	
生产线		生产线	
证件开发		证件开发	
其他		其他	
第七组		第八组	
年末资金		年末资金	
生产线		生产线	
证件开发		证件开发	
其他		其他	

二、技能点思考

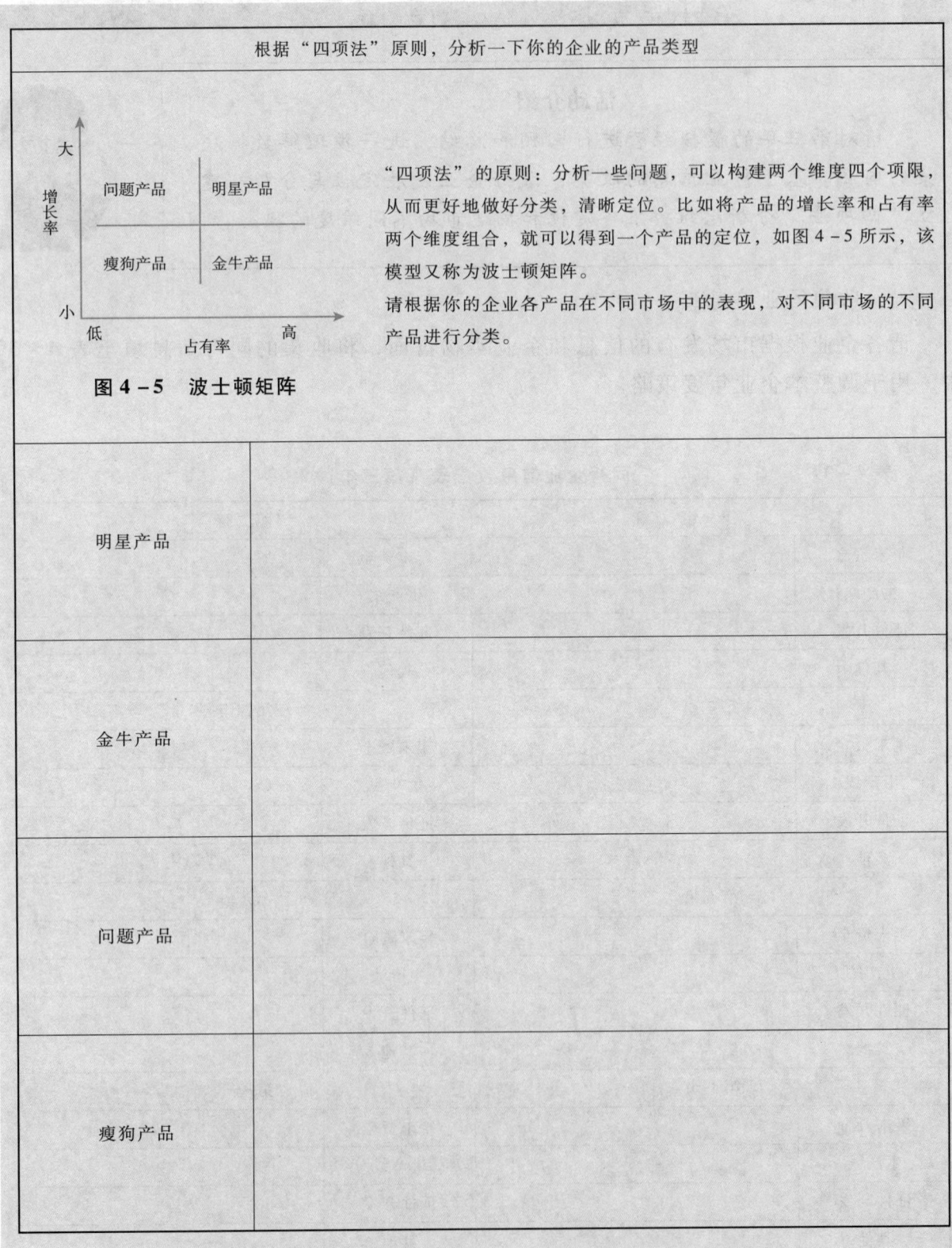

图 4-5 波士顿矩阵

根据"四项法"原则，分析一下你的企业的产品类型

"四项法"的原则：分析一些问题，可以构建两个维度四个项限，从而更好地做好分类，清晰定位。比如将产品的增长率和占有率两个维度组合，就可以得到一个产品的定位，如图 4-5 所示，该模型又称为波士顿矩阵。

请根据你的企业各产品在不同市场中的表现，对不同市场的不同产品进行分类。

明星产品	
金牛产品	
问题产品	
瘦狗产品	

三、年度小结

第三年　思考与探索

姓名：_____ 　学号：_____ 　组别：_____	
一、主题分享	通过本模块的学习你学习到了什么？
二、复盘总结	在本模块的学习中，你的表现如何？其中你的亮点是什么？有什么不足之处？
三、改进策略	针对本模块的内容，请采用数据对比、分析等方式，对亮点进行加强、对不足提出改进建议。
四、重点关注	企业决策的依据是什么？你的岗位都涉及哪些经营数据？
五、下期计划	你需要进一步了解或解决的问题是什么？下期你的工作计划如何？对团队的工作计划有什么建议？

模块四 商业对战 能力升级

第四年：开源节流

前三年的模拟经营已经让我们掌握了经营的流程、分析的方法和决策的途径，有些企业已经盈利并找到了企业发展的方向。企业经营的本质是获取利润，那么，该如何提高企业的盈利能力呢？

第四年的经营主题是开源节流，洞察企业的盈利模式，提高企业的盈利能力。通过第四年的模拟经营，你将知道什么是开源节流、开源有哪些途径、节流有哪些途径、什么时候要关注开源、什么时候要关注节流、什么是盈亏临界点销售量。

下面就让我们一起走进开源节流之旅，一起揭开企业盈利的面纱，系统地掌握开源节流的方法，提高企业的盈利能力，培养系统思维。

活动一 活动打卡

活动记录表

姓名：_____　　　学号：_____　　　组别：_____

打卡记录	打卡方式：请在相应的活动所对应的圆圈内打"√" 活动1　　活动2　　活动3　　活动4 　○―――○―――○―――○
前期回顾	请回顾前期活动内容，总结知识点及重点关注内容 1. 学会产能计算 2. 掌握采购计划制订 3. 完成企业第三年经营与核算 4. 企业信息收集与团队总结 5. 利用"四项法"原则确认定位产品类型
本期活动	请提前预习，了解本期活动详情，为工作做好准备 1. 理解开源的方法 2. 理解节流的方法 3. 学会计算盈亏临界点 4. 完成企业第四年经营与核算 5. 企业信息收集与团队总结 6. 利用"SWOT"进行企业分析
工作计划	请根据本期活动，制订工作计划，并简述出来
主题分享	请准备2~3分钟的分享发言要点，包含前期回顾和本期计划等内容

活动二 认识利润的来源

活动介绍

实现利益最大化，用最少的投入得到最大的收益，这是每一位企业经营者最理想的目标。结合前面的经营，我们一起来认识利润的来源，深挖企业盈利的主要途径，提升企业的盈利能力。

企业经营的本质就是股东利益最大化，即盈利。从企业利润表中可以看出，企业盈利的主要途径一是扩大销售，二是控制成本，即开源节流。

一、开源

开源就是广开源路，扩大销售。当企业的销售额不断扩大时，企业的直接成本、费用等也会同步增长，利润也将同步增长（见图4-6）。开源是销售思维，一般用于企业在市场竞争中存在一定的增长空间的前提下，对于刚起步的企业尤为重要。开源还将带来丰厚的现金流，让企业的资金得到保障。

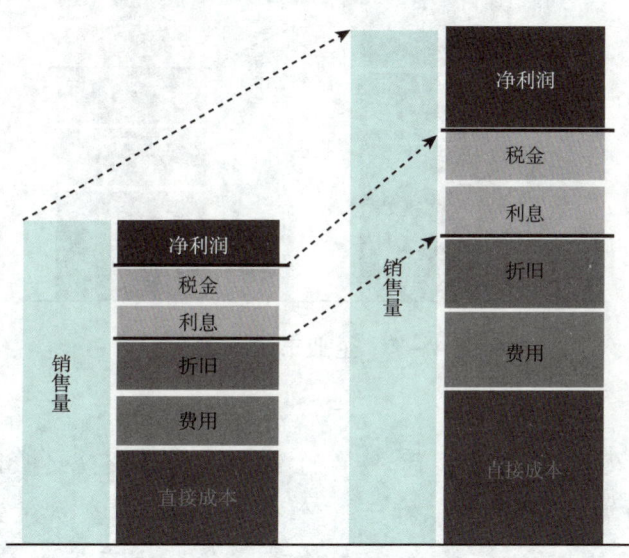

图4-6 企业开源示意图

利润主要来源于销售收入，而销售收入由销售数量和产品单价两个因素决定。开源的主要目标就是实现销售量的不断增长，那么如何实现销售量的不断增长呢？请你结合模拟企业的商业环境，列举一下开源的途径。

1. _____
2. _____
3. _____
4. _____

二、节流

节流就是控制成本，不该花的钱不花。在销售额相当的情况下，通过节流控制成本和费用，也可以提高净利润。节流是财务思维，一般适用于企业实现了规模化经营后，可以采用低成本运作的模式时。也适用于市场增长空间有限的情况下，通过压缩成本、降低费用，来实现目标利润。但是，当一个企业发展到一定规模后，其固定的成本和费用还是相对稳定的，节流的空间也就比较有限（见图4-7）。

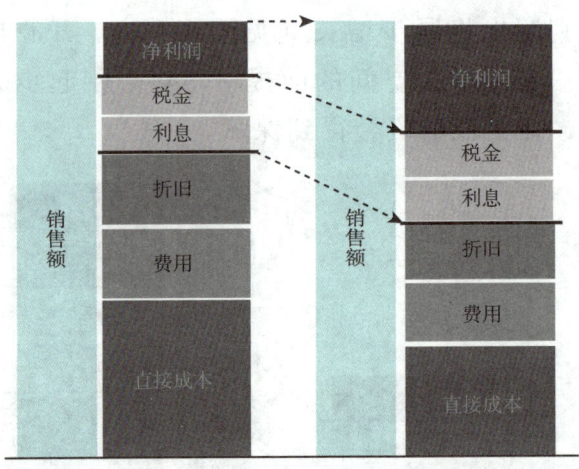

图4-7 企业节流示意图

小贴士　开源节流不是简简单单的一个概念，不应停留在口号上，而要体现为切实的行动中。对于一个企业来说，省一分钱就是赚一分利润，小行为，大收益。这一项工作不仅是人力资源部门、销售部门和生产部门的责任，企业全体员工本身就是一个"成本中心"和"利润中心"，一方面要有高度的成本意识，哪怕一张纸、一支笔，都要从点滴做起，勿以"本"小而不为。作为企业的一分子，每个部门、每个人都应该以此为己责，并自觉接受企业的各项考核和监督，想方设法为降低成本，为增大效益出谋献策。

节流要关注企业的直接成本、各类费用。那么如何实现节流呢？请你结合模拟企业的商业环境，列举一下节流的途径。

1. _____
2. _____
3. _____
4. _____

三、销售临界点

企业需要销售多少产品才能盈利？这里我们引入一个技能点——量本利分析法，也称产量成本利润分析。它是根据成本、产量、利润三者之间的关系，预测利润、控制成本的一种分析方法，是企业经营决策中常用的一种定量确定型决策方法。

我们知道，成本分为固定成本和变动成本，固定成本是产品材料、人工的组成，而变动成本通常是在经营过程中发生的费用支出，如生产线的维修费和折旧、财务费用、广告费用，甚至经营失误导致违约支付的违约金等。因此，在经营过程中的众多数据中要找到盈亏临界点，即利润为 0 的状态。

盈亏临界点销售量 = 固定成本 ÷（单位售价 − 单位变动成本）

例如，某企业为第三年准备一套相对简单的战略方案，4 条全自动线生产产品 P1（产能 16 个），单位固定成本为 2 万元，短期贷款为 80 万元，广告费用总额为 8 万元，P1 单位售价均价为 5 万元。

通过计算，这套方案的固定成本是：2 × 16 = 32（万元）

变动成本包括：

生产线的维修费和折旧 3 × 4 = 12（万元）；

广告费用 8 万元，利息支出财务费用 4 万元，行政管理费用 4 万元；

变动成本总额：12 + 8 + 4 + 4 = 28（万元）；

通过计算可得单位变动成本：28 ÷ 16 = 1.75（万元）；

由此，盈亏临界销售量 = 固定成本 ÷（单位售价 − 单位变动成本）= 32 ÷（5 − 1.75）= 9.85（个）

也就是说，P1 产品的盈亏临界点销售量为 10 个左右，如果销售量不足 10 个，本产品本年就会亏损。

根据以上案例，请结合你企业现在的实际情况，计算一下 P1 和 P2 产品的盈亏临界点销售量。

P1 产品（P1 单位固定成本为 2 万元）盈亏临界点销售量计算过程

P2 产品（P2 单位固定成本为 3 万元）盈亏临界点销售量计算过程

活动三　完成企业第四年经营与核算

活动介绍

根据开源和节流的途径，请各团队独立完成企业第四年的经营运行，在运营的过程中落实开源的具体措施，着力控制成本和费用，提高企业的利润空间。同时，对盈亏临界点销售量有一个清晰的认知，能够测算企业可以承担的成本空间。

一、年度规划

请总经理根据时空定量PNF模型，带领团队讨论今年企业的经营规划，并将讨论的内容填入表4-40中。

表4-40　　　　　年度经营规划表（第四年）

P 上一年遗留问题	
N 本年要完成工作	
F 下一年相关计划	

二、投放广告费

请销售经理根据市场的供求情况，填报"广告费用登记表"（见附件1）中第四年的广告费用。

三、年度经营（第四年）

1. 总经理工作运行进度（见表4-41）

总经理工作运行进度表（第四年）

表4-41　　　　　　　　　　　　　　　　_____企业

序号	请总经理在方格中根据企业工作进度做好标记（已完成的请打"√"）				
年初	年初现金余额（上一年的年末现金数）				
	提交营销方案/支付广告费				
	参加订货会/登记销售订单				
	支付税金（上一年的所得税）				
1	季初现金盘点（当前余额）				
2	更新贷款/还本付息（先偿还才能再贷款）				
3	申请贷款（每季20万/40万元，全年不超120万元）				
4	购买上一季度订购的原材料并入库				
5	订购下一季度原料订单				
6	更新生产/完工入库				
7	购买新生产线/生产线到位/变卖生产线				
8	开始下一批生产（支付加工费，每件产品1万元）				
9	更新应收款/应收款收现				
10	按订单交货（登记收回的货款收入）				
11	产品研发投资（P2生产资格证研发）				
12	支付行政管理费（每个季度1万元）				
13	其他现金收支情况登记				
14	现金流入合计				
15	现金支出合计（不含广告费支出）				
16	期末现金对账（每季末余额）				
年末	支付违约金				
	支付设备维护费（每条生产线1万元，在建忽略）				
	计提折旧（手工1，自动2，当年建成不用）				
	新市场开拓				
	结账（年末剩余现金数）				

2. 财务经理工作运行进度（见表 4-42）

财务经理工作运行进度表（第四年）

表 4-42　　　　　　　　　　　　　　＿＿＿＿＿＿＿＿＿＿＿＿企业

序号	请财务经理在方格中填写现金收支情况，收入用"＋"表示，支出用"－"表示，没有发生现金收支的打"√"。				
年初	年初现金余额（上一年的年末现金数）				
	提交营销方案/支付广告费				
	参加订货会/登记销售订单				
	支付税金（上一年的所得税）				
1	季初现金盘点（当前余额）				
2	更新贷款/还本付息（先偿还才能再贷款）				
3	申请贷款（每季20万/40万元，全年不超120万元）				
4	购买上一季度订购的原材料并入库				
5	订购下一季度原料订单				
6	更新生产/完工入库				
7	购买新生产线/生产线到位/变卖生产线				
8	开始下一批生产（支付加工费，每件产品1万元）				
9	更新应收款/应收款收现				
10	按订单交货（登记收回的货款收入）				
11	产品研发投资（P2生产资格证研发）				
12	支付行政管理费（每个季度1万元）				
13	其他现金收支情况登记				
14	现金流入合计				
15	现金支出合计（不含广告费支出）				
16	期末现金对账（每季末余额）				
年末	支付违约金				
	支付设备维护费（每条生产线1万元，在建忽略）				
	计提折旧（手工1，自动2，当年建成不用）				
	新市场开拓				
	结账（年末剩余现金数）				

3. 销售经理工作运行进度（见表4-43）

销售经理工作运行进度表（第四年）

表4-43　　　　　　　　　　　　　　　　　　　　　　企业

序号	请销售经理完成每一季度的产品销售情况登记工作				
年初	年初现金余额（上一年的年末现金数）				
	提交营销方案/支付广告费				
	参加订货会/登记销售订单				
	支付税金（上一年的所得税）				
1	季初产品盘点（左边代表P1，右边代表P2）				
2	更新贷款/还本付息（先偿还才能再贷款）				
3	申请贷款（每季20万/40万元，全年不超120万元）				
4	购买上一季度订购的原材料并入库				
5	订购下一季度原料订单				
6	更新生产/完工入库（入库数量）				
7	购买新生产线/生产线到位/变卖生产线				
8	开始下一批生产（支付加工费，每件产品1万元）				
9	更新应收款/应收款收现				
10	按订单交货（交货数量）				
11	产品研发投资（P2生产资格证研发）				
12	支付行政管理费（每个季度1万元）				
13	其他现金收支情况登记				
14	本季产品入库合计				
15	本季产品出库合计				
16	本季末产品剩余情况				
年末	支付违约金				
	支付设备维护费（每条生产线1万元，在建忽略）				
	计提折旧（手工1，自动2，当年建成不用）				
	新市场开拓				
	结账（年末剩余现金数）				

4. 生产经理工作运行进度（见表4-44）

生产经理工作运行进度表（第四年）

表 4-44　　　　　　　　　　　　　　　　　　　＿＿＿＿＿＿＿＿＿＿＿＿企业

序号	请生产经理完成每一季度的产品上线与完工情况登记工作				
年初	年初现金余额（上一年的年末现金数）				
	提交营销方案/支付广告费				
	参加订货会/登记销售订单				
	支付税金（上一年的所得税）				
1	季初在产品盘点（左边代表P1，右边代表P2）				
2	更新贷款/还本付息（先偿还才能再贷款）				
3	申请贷款（每季20万/40万元，全年不超120万元）				
4	购买上一季订购的原材料并入库				
5	订购下一季原料订单				
6	更新生产/完工入库（下线数量）				
7	购买新生产线/生产线到位/变卖生产线				
8	开始下一批生产（上线数量）				
9	更新应收款/应收款收现				
10	按订单交货（登记收回的货款收入）				
11	产品研发投资（P2生产资格证研发）				
12	支付行政管理费（每个季度1万元）				
13	其他现金收支情况登记				
14	本季在产品上线合计				
15	本季在产品完工合计				
16	本季末在产品剩余情况				
年末	支付违约金				
	支付设备维护费（每条生产线1万元，在建忽略）				
	计提折旧（手工1，自动2，当年建成不用）				
	新市场开拓				
	结账（年末剩余现金数）				

5. 采购经理工作运行进度（见表 4-45）

采购经理工作运行进度表（第四年）

表 4-45　　　　　　　　　　　　　　　　_____企业

序号	请采购经理完成每一季度的材料采购与使用情况登记工作				
年初	年初现金余额（上一年的年末现金数）				
	提交营销方案/支付广告费				
	参加订货会/登记销售订单				
	支付税金（上一年的所得税）				
1	季初原材料盘点（左边代表R1，右边代表R2）				
2	更新贷款/还本付息（先偿还才能再贷款）				
3	申请贷款（每季20万/40万元，全年不超120万元）				
4	购买上一季订购的原材料并核算入库数量				
5	核算下一季原材料订单数量				
6	更新生产/完工入库				
7	购买新生产线/生产线到位/变卖生产线				
8	开始下一批生产（原材料出库数量）				
9	更新应收款/应收款收现				
10	按订单交货（登记收回的货款收入）				
11	产品研发投资（P2生产资格证研发）				
12	支付行政管理费（每个季度1万元）				
13	其他现金收支情况登记				
14	本季原材料入库情况				
15	本季原材料出库情况				
16	本季末原材料剩余情况				
年末	支付违约金				
	支付设备维护费（每条生产线1万元，在建忽略）				
	计提折旧（从净值里取，手工1，自动2）				
	新市场开拓				
	结账（年末剩余现金数）				

四、年度核算

年度核算有关表单如表 4-46 至表 4-50 所示。

表 4-46　　　　　　　　　　订单登记表（第四年）

订单号									合计
市场									
产品									
数量									
账期									
销售额									
成本									
毛利									
未售									

表 4-47　　　　　　　　　　产品核算统计表（第四年）

项目 \ 产品	P1	P2	合计
数量（件）			
销售额（万元）			
成本（万元）			
毛利（万元）			

表 4-48　　　　　　　　　　综合管理费用明细表（第四年）　　　　　　　　单位：万元

项目	金额	备注
管理费		每季度 1 万元，一年 4 万元
广告费		根据年初实际投放的广告数确定
维修费		每条已建成生产线 1 万元
市场准入开拓费		开发区域市场证的费用
产品研发费		研发 P2 生产资格证的费用
其他费用		交易损失、违约金、其他损失
合计		

109

表 4-49 利润表（第四年） 单位：万元

项目	算符	上年数	本年数
营业收入			
营业成本	-		
毛利	=		
综合管理费用	-		
折旧	-		
财务费用	-		
其他收入	+/-		
税前利润	=		
所得税费用	-		
净利润	=		

表 4-50 资产负债表（第四年） 单位：万元

资产	期初数	期末数	负债和所有者权益	期初数	期末数
流动资产：			负债：		
库存现金			银行贷款		
应收账款					
在制品			应交所得税		
产成品					
原材料					
流动资产合计			负债合计		
固定资产：			所有者权益：		
企业厂房			股东资本		
生产设备			利润留存		
在建工程			年度净利		
固定资产合计			所有者权益合计		
资产总计			负债和所有者权益总计		

活动四 企业信息收集与团队总结

活动介绍

请对第四年的模拟经营进行回顾和总结,进一步理解开源和节流的途径和方式,持续做好后面年度的经营策划。建立"SWOT"分析思维,准确描述自己企业的竞争态势,做到知己知彼。

一、收集行业信息

请各企业根据市场发布的信息和企业实物盘面,收集同行信息填至表 4-51 中,用于调整本企业年度策略。

表 4-51　　同行企业信息收集表(第四年)

第一组		第二组	
年末资金		年末资金	
生产线		生产线	
证件开发		证件开发	
其他		其他	
第三组		第四组	
年末资金		年末资金	
生产线		生产线	
证件开发		证件开发	
其他		其他	
第五组		第六组	
年末资金		年末资金	
生产线		生产线	
证件开发		证件开发	
其他		其他	
第七组		第八组	
年末资金		年末资金	
生产线		生产线	
证件开发		证件开发	
其他		其他	

二、技能点思考

请采用 SWOT 分析法对自己企业进行分析	
图 4-8 SWOT 分析图（内部环境：优势S、劣势W；外部环境：机会O、威胁T；SO战略 机会、优势组合（最大限度的发展）；WO战略 机会、劣势组合（利用机会、回避弱点）；ST战略 威胁、优势组合（利用优势、减低威胁）；WT战略 威胁、劣势组合（收缩、合并））	SWOT 分析（见图 4-8）包括分析企业优势（Strengths）、劣势（Weaknesses）、机会（Opportunities）和威胁（Threats）。SWOT 实际上是对企业内外部条件的各方面内容进行优势、劣势综合分析概括，进而分析组织的优势和劣势、面临的机会和威胁的一种方法。

优势	
劣势	
机会	
威胁	

三、年度小结

第四年　思考与探索

| 姓名：_____ | 学号：_____ | 组别：_____ |

一、主题分享	通过本模块你学习到了什么？
二、复盘总结	在本模块的学习中，你的表现如何？其中你的亮点是什么？有什么不足之处？
三、改进策略	针对本模块的内容，请用SWOT分析法，尝试说明你的亮点如何加强？存在的不足如何改进？
四、重点关注	市场在什么情况下，企业可以选择开源？根据SWOT分析，如何应对企业外部威胁，补齐自身劣势？
五、下期计划	你需要进一步了解或解决的问题是什么？下期你的工作计划如何？对团队的工作计划有什么建议？

第五年：科学管理

企业经营进入第五年，我们的企业已经走上正轨，开始稳健经营，持续发展。这个时候，我们的团队需要关注企业的发展是否健康，如何正确客观地评价企业的经营情况。

第五年的经营主题是科学管理，洞察企业经营效率，提升企业的综合实力。随着企业不断发展壮大，评价企业经营效率不能以利润为唯一标准，还要考虑企业的财务风险、运营效率和未来发展等因素。通过第五年的模拟经营，你将知道什么是财务杠杆、什么是杜邦分析、如何评价企业经营团队、企业股东更关注企业的哪个指标等。通过深入学习与实践，让我们更了解自己的企业吧！

下面就让我们一起走进科学管理之旅，理解企业的经营指标，掌握企业经营的状态，提高企业的综合能力，树立财务思维。

活动一　活动打卡

活动记录表

姓名：_____　　学号：_____　　组别：_____

打卡记录	打卡方式：请在相应的活动所对应的圆圈内打"√" 活动 1　　活动 2　　活动 3　　活动 4 　○　　　　○　　　　○　　　　○
前期回顾	请回顾前期活动内容，总结知识点及重点关注内容 1. 理解开源的方法 2. 理解节流的方法 3. 学会计算盈亏临界点 3. 完成企业第四年经营与核算 4. 企业信息收集与团队总结 6. 利用"SWOT"进行企业分析
本期活动	请提前预习，了解本期活动详情，为工作做好准备 1. 理解企业的资产报酬率 2. 理解企业的净资产报酬率 3. 了解企业的财务杠杆 4. 完成企业第五年经营与核算 5. 企业信息收集与团队总结 6. 利用"杜邦财务分析法"评价企业的经营状态
工作计划	请根据本期活动，制订工作计划，并简述出来
主题分享	请准备 2~3 分钟的分享发言要点，包含前期回顾和本期计划等内容

活动二 培养财务思维

活动介绍

企业走上正常的运营轨道后,企业经营团队要思考自己企业目前的状态,如何科学评价企业的经营情况,了解股东关注的内容,学会利用财务杠杆让企业利益最大化。本节就让我们一起学习资产报酬率和净资产报酬率,揭开科学管理企业的面纱。

一、资产报酬率

单纯以利润这个绝对值来评价企业是不准确的。如果要评价资产规模不同的企业,就需要用到资产报酬率(ROA),资产报酬率反映的是经营团队运作资产获利的能力。资产报酬率高,表明企业有较强的利用资产创造利润的能力,企业在增加收入和节约资金使用等方面取得了良好的效果(见图4-9)。

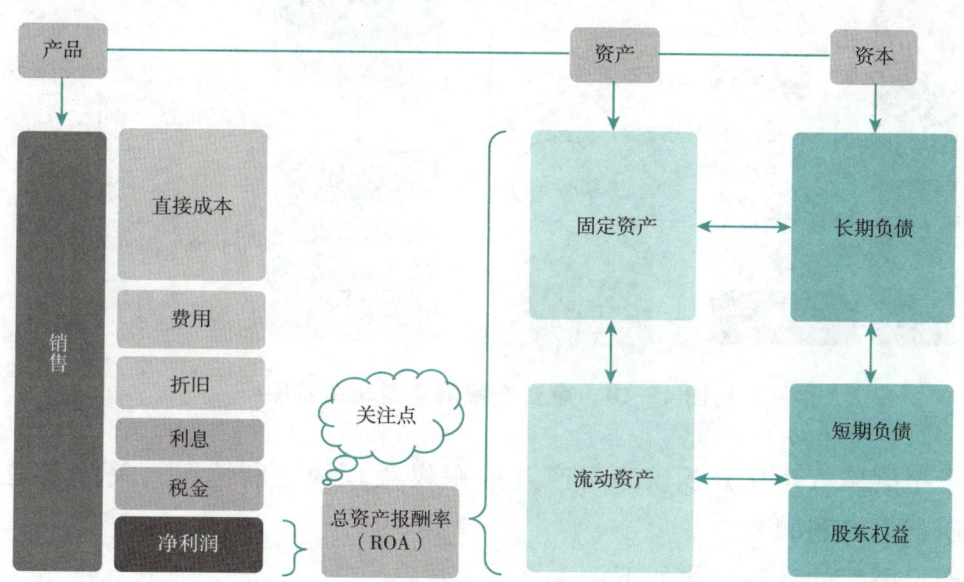

图4-9 资产报酬率逻辑关系图

总资产报酬率(ROA)反映企业总资产的盈利情况,关键点是企业用全部资产赚钱的能力,包括了股东投资和债务融资所产生的利润率。

资产报酬率的计算公式如下:

$$资产报酬率 = 净利润 \div 总资产 \times 100\%$$

你能通过资产报酬率的公式,计算一下你们企业上一年的资产报酬率吗?

资产报酬率 = 净利润(　　) ÷ 总资产(　　) × 100%
　　　　　= (　　)%

二、净资产报酬率

除了资产报酬率外,还有一个评价企业的指标称为净资产报酬率(ROE)。企业资产包括了两个部分:一部分是股东的投资,即所有者权益;另一部分是企业借入的资金。我们可以发现,净资产报酬率(ROE)是从股东的角度看问题,单纯从股东权益衡量回报(见图4-10)。

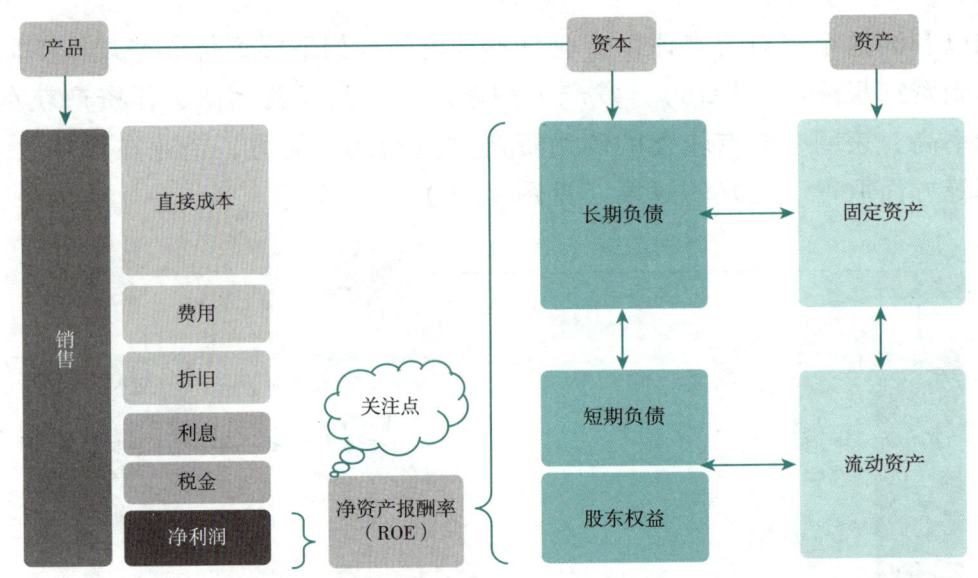

图4-10 净资产报酬率逻辑关系图

净资产报酬率(ROE)反映净资产(股东权益)的盈利情况,关键点是单纯地看股东权益所产生的利润率。

净资产报酬率的计算公式如下:

净资产报酬率 = 净利润 ÷ (总资产 - 负债) × 100%

你能通过净资产报酬率的公式,计算一下你们企业上一年的净资产报酬率吗?

净资产报酬率 = 净利润(　　) ÷ [总资产(　　) - 负债(　　)] × 100%
　　　　　　= (　　)%

三、财务杠杆

资产报酬率（ROA）和净资产报酬率（ROE）存在一定的关联，根据杜邦财务模型，两者关系如下：

$$净资产报酬率（ROE）= 资产报酬率（ROA）\times 财务杠杆系数$$

两者之间的关系就在于这个财务杠杆系数。财务杠杆来源于企业的负债，企业用借来的钱来赚钱，企业负债率越高则财务杠杆系数越大。在资产报酬率不变的情况下，净资产报酬率就越大。所以，拥有适当的负债，可以提高企业的净资产报酬率，让股东获得更大的回报。

当然，也不能为了追求高的净资产报酬率而债台高筑。负债高将带来财务风险，当经济不景气的时候，会造成较大的还款压力和高额的财务费用。

财务杠杆系数和资产负债率的计算公式如下：

$$财务杠杆系数 = 总资产 \div 净值资产$$
$$资产负债率 = 负债 \div 总资产 \times 100\%$$

你能通过财务杠杆系数的公式，计算你们企业上一年的资产负债率和财务杠杆系数吗？

资产负债率 = 负债（　　）÷ 总资产（　　）× 100%
　　　　　= （　　）%
财务杠杆系数 = 总资产（　　）÷ 净资产（　　）
　　　　　　= （　　）

小贴士　净资产报酬率（ROE）的背后其实是企业之间商业模式的较量，高利润率模式、高周转模式、高债务杠杆代表着企业的三种商业模式，要想取得较高的净资产报酬率（ROE），就要选择其中一种或者是两三种之间的结合。需要注意的是：极致的高周转，很难有高利润。极致的高利润，很难有高周转。极致的高杠杆，也很难有高周转。企业需要在这三种模式之间做出平衡，依据自身的资源和能力，在合适的外部环境中，将它们的合力发挥到最大。

活动三　完成企业第五年经营与核算

活动介绍

根据科学管理的内涵，请各团队独立完成企业第五年的经营运行，在运营的过程中注意财务杠杆的使用。同时，控制好财务风险，注意资金的使用效率，不断提高销售利润率和资产周转率，提升企业的盈利能力。

一、年度规划

请总经理根据时空定量 PNF 模型，带领团队讨论今年企业的经营规划，并将讨论的内容填入表 4-52 中。

表 4-52　　　　年度经营规划表（第五年）

P 上一年遗留问题	
N 本年要完成工作	
F 下一年相关计划	

二、投放广告费

请销售经理根据市场的供求情况，填报"广告费用登记表"（见附件 1）中第五年的广告费用。

三、年度经营（第五年）

1. 总经理工作运行进度（见表 4-53）

总经理工作运行进度表（第五年）

表 4-53　　　　　　　　　　　　　　＿＿＿＿＿＿＿＿＿＿＿＿企业

序号	请总经理在方格中根据企业工作进度做好标记（已完成的请打"√"）				
年初	年初现金余额（上一年的年末现金数）				
	提交营销方案/支付广告费				
	参加订货会/登记销售订单				
	支付税金（上一年的所得税）				
1	季初现金盘点（当前余额）				
2	更新贷款/还本付息（先偿还才能再贷款）				
3	申请贷款（每季 20 万/40 万元，全年不超 120 万元）				
4	购买上一季度订购的原材料并入库				
5	订购下一季度原料订单				
6	更新生产/完工入库				
7	购买新生产线/生产线到位/变卖生产线				
8	开始下一批生产（支付加工费，每件产品 1 万元）				
9	更新应收款/应收款收现				
10	按订单交货（登记收回的货款收入）				
11	产品研发投资（P2 生产资格证研发）				
12	支付行政管理费（每个季度 1 万元）				
13	其他现金收支情况登记				
14	现金流入合计				
15	现金支出合计（不含广告费支出）				
16	期末现金对账（每季末余额）				
年末	支付违约金				
	支付设备维护费（每条生产线 1 万元，在建忽略）				
	计提折旧（手工 1，自动 2，当年建成不用）				
	新市场开拓				
	结账（年末剩余现金数）				

2. 财务经理工作运行进度（见表4-54）

财务经理工作运行进度表（第五年）

表4-54　　　　　　　　　　　　　　　　_____企业

序号	请财务经理在方格中填写现金收支情况，收入用"＋"表示，支出用"－"表示，没有发生现金收支的打"√"。				
年初	年初现金余额（上一年的年末现金数）				
	提交营销方案/支付广告费				
	参加订货会/登记销售订单				
	支付税金（上一年的所得税）				
1	季初现金盘点（当前余额）				
2	更新贷款/还本付息（先偿还才能再贷款）				
3	申请贷款（每季20万/40万元，全年不超120万元）				
4	购买上一季度订购的原材料并入库				
5	订购下一季度原料订单				
6	更新生产/完工入库				
7	购买新生产线/生产线到位/变卖生产线				
8	开始下一批生产（支付加工费，每件产品1万元）				
9	更新应收款/应收款收现				
10	按订单交货（登记收回的货款收入）				
11	产品研发投资（P2生产资格证研发）				
12	支付行政管理费（每个季度1万元）				
13	其他现金收支情况登记				
14	现金流入合计				
15	现金支出合计（不含广告费支出）				
16	期末现金对账（每季末余额）				
年末	支付违约金				
	支付设备维护费（每条生产线1万元，在建忽略）				
	计提折旧（手工1，自动2，当年建成不用）				
	新市场开拓				
	结账（年末剩余现金数）				

3. 销售经理工作运行进度（见表 4-55）

销售经理工作运行进度表（第五年）

表 4-55　　　　　　　　　　　　＿＿＿＿＿＿＿＿＿＿＿企业

序号	请销售经理完成每一季度的产品销售情况登记工作								
年初	年初现金余额（上一年的年末现金数）								
	提交营销方案/支付广告费								
	参加订货会/登记销售订单								
	支付税金（上一年的所得税）								
1	季初产品盘点（左边代表P1，右边代表P2）								
2	更新贷款/还本付息（先偿还才能再贷款）								
3	申请贷款（每季20万/40万元，全年不超120万元）								
4	购买上一季度订购的原材料并入库								
5	订购下一季度原料订单								
6	更新生产/完工入库（入库数量）								
7	购买新生产线/生产线到位/变卖生产线								
8	开始下一批生产（支付加工费，每件产品1万元）								
9	更新应收款/应收款收现								
10	按订单交货（交货数量）								
11	产品研发投资（P2生产资格证研发）								
12	支付行政管理费（每个季度1万元）								
13	其他现金收支情况登记								
14	本季产品入库合计								
15	本季产品出库合计								
16	本季末产品剩余情况								
年末	支付违约金								
	支付设备维护费（每条生产线1万元，在建忽略）								
	计提折旧（手工1，自动2，当年建成不用）								
	新市场开拓								
	结账（年末剩余现金数）								

4. 生产经理工作运行进度（见表4-56）

生产经理工作运行进度表（第五年）

表4-56 ＿＿＿＿＿＿＿＿＿＿企业

序号	请生产经理完成每一季度的产品上线与完工情况登记工作				
年初	年初现金余额（上一年的年末现金数）				
	提交营销方案/支付广告费				
	参加订货会/登记销售订单				
	支付税金（上一年的所得税）				
1	季初在产品盘点（左边代表P1，右边代表P2）				
2	更新贷款/还本付息（先偿还才能再贷款）				
3	申请贷款（每季20万/40万元，全年不超120万元）				
4	购买上一季订购的原材料并入库				
5	订购下一季原料订单				
6	更新生产/完工入库（下线数量）				
7	购买新生产线/生产线到位/变卖生产线				
8	开始下一批生产（上线数量）				
9	更新应收款/应收款收现				
10	按订单交货（登记收回的货款收入）				
11	产品研发投资（P2生产资格证研发）				
12	支付行政管理费（每个季度1万元）				
13	其他现金收支情况登记				
14	本季在产品上线合计				
15	本季在产品完工合计				
16	本季末在产品剩余情况				
年末	支付违约金				
	支付设备维护费（每条生产线1万元，在建忽略）				
	计提折旧（手工1，自动2，当年建成不用）				
	新市场开拓				
	结账（年末剩余现金数）				

5. 采购经理工作运行进度（见表4-57）

采购经理工作运行进度表（第五年）

表 4-57　　　　　　　　　　　　　　　　＿＿＿＿＿＿＿＿＿＿＿＿企业

请采购经理完成每一季度的材料采购与使用情况登记工作

序号									
年初	年初现金余额（上一年的年末现金数）								
	提交营销方案/支付广告费								
	参加订货会/登记销售订单								
	支付税金（上一年的所得税）								
1	季初原材料盘点（左边代表R1，右边代表R2）								
2	更新贷款/还本付息（先偿还才能再贷款）								
3	申请贷款（每季20万/40万元，全年不超120万元）								
4	购买上一季订购的原材料并核算入库数量								
5	核算下一季原材料订单数量								
6	更新生产/完工入库								
7	购买新生产线/生产线到位/变卖生产线								
8	开始下一批生产（原材料出库数量）								
9	更新应收款/应收款收现								
10	按订单交货（登记收回的货款收入）								
11	产品研发投资（P2生产资格证研发）								
12	支付行政管理费（每个季度1万元）								
13	其他现金收支情况登记								
14	本季原材料入库情况								
15	本季原材料出库情况								
16	本季末原材料剩余情况								
年末	支付违约金								
	支付设备维护费（每条生产线1万元，在建忽略）								
	计提折旧（从净值里取，手工1，自动2）								
	新市场开拓								
	结账（年末剩余现金数）								

四、年度核算

年度核算有关表单如表4-58至表4-62所示。

表4-58　　　　　　　　　　订单登记表（第五年）

订单号									合计
市场									
产品									
数量									
账期									
销售额									
成本									
毛利									
未售									

表4-59　　　　　　　　　　产品核算统计表（第五年）

项目＼产品	P1	P2	合计
数量（件）			
销售额（万元）			
成本（万元）			
毛利（万元）			

表4-60　　　　　　　　　综合管理费用明细表（第五年）　　　　　　　　单位：万元

项目	金额	备注
管理费		每季度1万元，一年4万元
广告费		根据年初实际投放的广告数确定
维修费		每条已建成生产线1万元
市场准入开拓费		开发区域市场证的费用
产品研发费		研发P2生产资格证的费用
其他费用		交易损失、违约金、其他损失
合计		

表 4-61　　　　　　　　　　　　利润表（第五年）　　　　　　　　　　单位：万元

项目	算符	上年数	本年数
营业收入			
营业成本	-		
毛利	=		
综合管理费用	-		
折旧	-		
财务费用	-		
其他收入	+/-		
税前利润	=		
所得税费用	-		
净利润	=		

表 4-62　　　　　　　　　　　　资产负债表（第五年）　　　　　　　　　单位：万元

资产	期初数	期末数	负债和所有者权益	期初数	期末数
流动资产：			负债：		
库存现金			银行贷款		
应收账款					
在制品			应交所得税		
产成品					
原材料					
流动资产合计			负债合计		
固定资产：			所有者权益：		
企业厂房			股东资本		
生产设备			利润留存		
在建工程			年度净利		
固定资产合计			所有者权益合计		
资产总计			负债和所有者权益总计		

活动四 企业信息收集与团队总结

> **活动介绍**
> 请对第五年的模拟经营进行回顾和总结，进一步了解科学管理的途径和方式，掌握提高销售利润率和资产周转率的方法，持续做好后面年度的经营策划。建立杜邦分析思维，准确评价自己企业的经营状态。

一、收集行业信息

请各企业根据市场发布的信息和企业实物盘面，收集同行信息填至表 4-63 中，用于调整本企业年度策略。

表 4-63　　　　　同行企业信息收集表（第五年）

第一组		第二组	
年末资金		年末资金	
生产线		生产线	
证件开发		证件开发	
其他		其他	
第三组		第四组	
年末资金		年末资金	
生产线		生产线	
证件开发		证件开发	
其他		其他	
第五组		第六组	
年末资金		年末资金	
生产线		生产线	
证件开发		证件开发	
其他		其他	
第七组		第八组	
年末资金		年末资金	
生产线		生产线	
证件开发		证件开发	
其他		其他	

二、技能点思考

利用"杜邦财务分析法"评价企业的经营状态
杜邦财务分析法是一种经典的财务指标分析方法,具体来说,它是一种用来评价企业盈利能力和股东权益回报水平,从财务角度评价企业绩效的一种方法。通过杜邦财务分析法,我们可以清楚地掌握企业财务状况的三个方面:①企业业务有没有盈利;②企业资产使用的效率如何;③企业债务负担是否存在风险。具体分析方法如图 4-11 所示。
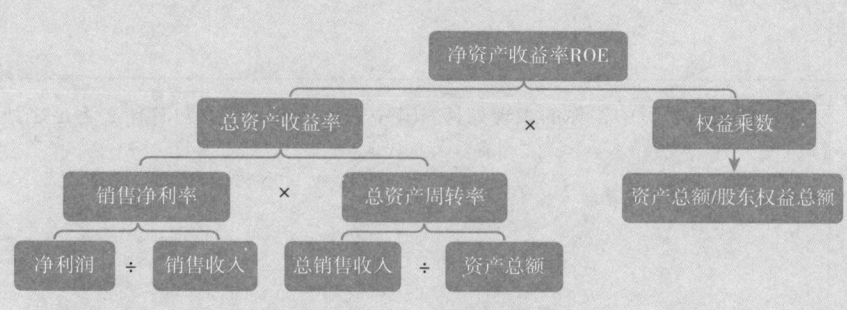 图 4-11 杜邦分析逻辑图

根据图 4-11 所示,计算企业经营情况,将数据填至表 4-64。

表 4-64 企业经营情况计算分析表

盈利能力	净利润		销售收入		销售净利率(%)	
	第四年	第五年	第四年	第五年	第四年	第五年

运营能力	总销售收入		资产总额		总资产周转率(%)	
	第四年	第五年	第四年	第五年	第四年	第五年

财务杠杆	资产总额		股东权益总额		权益乘数	
	第四年	第五年	第四年	第五年	第四年	第五年

通过杜邦模型,可以得到净资产收益率(ROE)=销售净利率×总资产周转率×权益乘数。其中销售净利率反映的是企业盈利能力,资产周转率反映的是企业营运能力、权益乘数反映的是财务杠杆情况。要想企业的净资产收益率提升,可以在这三个方面努力,企业科学管理的思维就是找到提升企业盈利的原理和途径,并不断优化和提升。

三、年度小结

第五年　思考与探索

姓名：＿＿＿＿＿＿	学号：＿＿＿＿＿＿	组别：＿＿＿＿＿＿

一、主题分享	通过本模块你学习到了什么？
二、复盘总结	在本模块的学习中，你的表现如何？其中你的亮点是什么？有什么不足之处？
三、改进策略	针对本模块的内容，请运用"财务思维"说说你的亮点如何加强？存在的不足如何改进？
四、重点关注	企业提高净资产报酬率是否还有别的办法？请尝试列举：
五、下期计划	你需要进一步了解或解决的问题是什么？下期你的工作计划如何？对团队的工作计划有什么建议？

第六年：全面发展

经过五年的悉心经营，企业进入成熟阶段，我们的团队经历了各种决策的成功和失败，体验了各种经营的焦虑和兴奋。现在，是时候让我们系统审视什么是企业经营了。

第六年的经营主题是全面发展，洞察企业经营之道。企业所拥有的资源是有限的，如何分配这些资源，使企业价值最大化，这就是优化配置。企业经营管理的重点就是不断地优化配置，让信息流、资金流和物流和谐发展。通过第六年的模拟经营，你将理解企业信息流、资金流和物流的重要作用，明确企业的信息流、资金流和物流之间的相互关系。

下面就让我们一起走进全面发展之旅，提升对企业信息流、资金流和物流的平衡把控，树立平衡思维。

活动一 活动打卡

活动记录表

姓名：_____ 学号：_____ 组别：_____

打卡记录	打卡方式：请在相应的活动所对应的圆圈内打"√" 活动1　　活动2　　活动3　　活动4 　○　　　　○　　　　○　　　　○
前期回顾	请回顾前期活动内容，总结知识点及重点关注内容。 1. 理解什么是资产报酬率 2. 理解什么是净资产报酬率 3. 了解什么是财务杠杆 4. 完成企业第五年经营与核算 5. 企业信息收集与团队总结 6. 利用"杜邦财务分析法"评价企业的经营状态
本期活动	请提前预习，了解本期活动详情，为工作做好准备。 1. 理解企业经营的信息流 2. 理解企业经营的资金流 3. 理解企业经营的物流 4. 完成企业第六年经营与核算 5. 企业信息收集与团队总结 6. 利用"平衡之道"分析自己岗位的工作内容
工作计划	请根据本期活动，制订工作计划，并简述出来
主题分享	请准备2~3分钟的分享发言要点，包含前期回顾和本期计划等内容

活动二 洞察平衡之道

活动介绍

企业经营其实是一个发现商机、配置资源、平衡流程的过程，其中信息流、资金流和物流是企业经营不可回避的重要内容。本节各团队要深入理解这三个流程的内容，并能够明确各岗位在三个流程中起到的作用。

企业和人体一样，具有同构性。人体拥有神经系统、消化系统和血液系统等，这些系统相互作用，人体才可以健康成长。企业也有类似的系统，分别是信息系统、物流系统和资金系统。同样，这些系统也需要协同配合，企业才可以健康发展，具体如图4-12所示。

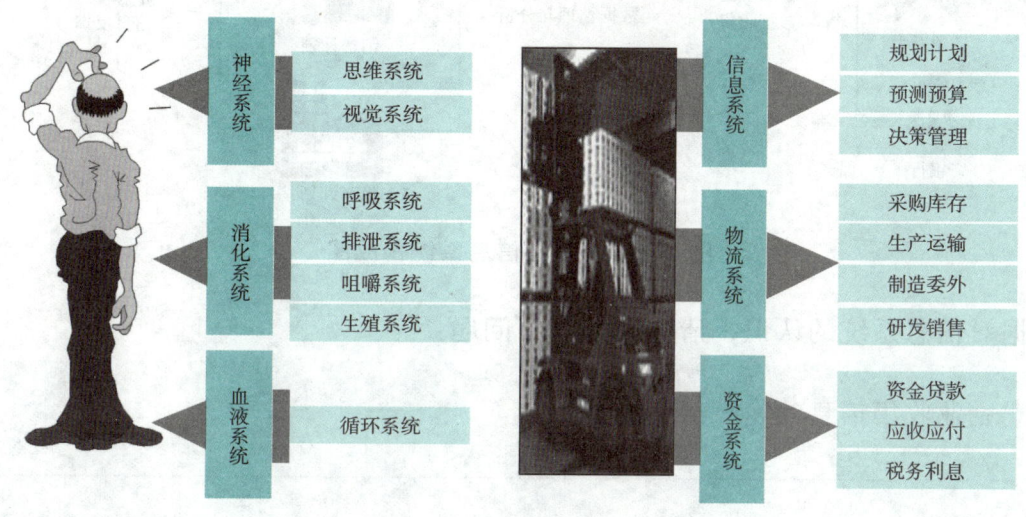

图4-12 企业的同构性示意图

企业的信息系统、物流系统和资金系统在企业中具体是如何体现的？相信经过五年的模拟经营，各经营团队会有比较深刻的认识。在经营中，我们完成产品的采购—生产—销售的循环，由信息系统提供及时准确的决策信息，由资金系统按照各部门提出的需求有计划地完成资金需求保障，由物流系统按信息系统的计划要求完成物料实体的转化，从而使三个系统构成了经营活动中不可分割的整体，共同完成企业价值创造的全过程。企业经营管理的重点就在于如何让这三个系统高效协同工作。

一、信息系统

信息系统包括企业的规划计划、预测预算和决策管理等，它是企业的大脑，通过各种规划、计划等指令，指挥着企业整体运行。信息系统首先要有信息的来源，需要有如同人体眼镜、耳朵等一样的器官收集外界信息，收集来自客户、供应商、竞争对手、政府、银行等各种数据，用于企业制订各类计划和制定决策；其次，要有加工数据的能力。通过对收集到的数据进行梳理、加工、分析等处理，找到指导数据背后的信息，为企业制定决策提供依据；再次，要有信息规划能力。根据各类信息制订诸如营销计划、销售计划、生产计划、采购计划、融资计划等具体工作要求，指导企业实际运作；最后，要有计划执行能力，执行过程中及时反馈信息，不断修正优化工作过程，如图4-13所示。

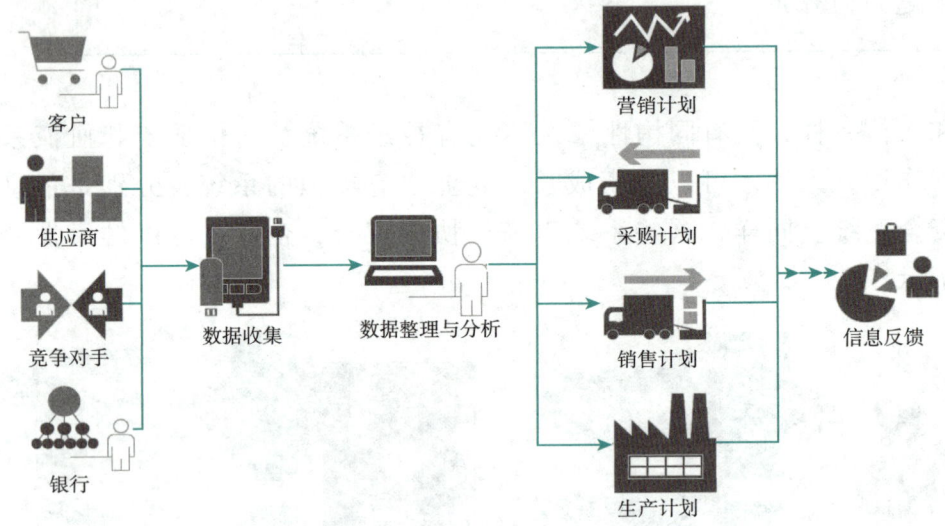

图4-13 企业信息系统构成图

根据对信息系统的认识，请你回答如下问题：

1. 企业收集信息的途径都有哪些？
_____
_____
_____

2. 广告营销方案的制定需要收集哪些数据？
_____
_____
_____

二、物流系统

这里的物流系统主要是指企业内部物流系统,包括企业的采购库存、生产运输、制造委外、研发销售等,是企业的价值创造系统,也是可以直观真实感受到的物料转化过程的系统。物料系统中重点关注的是原材料、在制品和产成品三种实物的状态,分别对应采购、生产、销售和库存等管理环节。物流系统需要在信息系统的指导下,在资金系统的保障下才可以正常开展(见图4-14)。

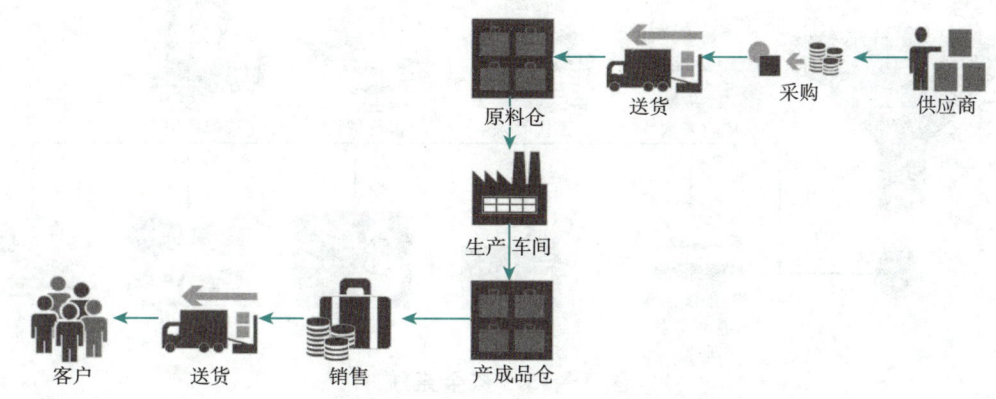

图 4-14 企业物流系统构成图

物流系统反映的是企业内部的运营效率,类似于人体的消化系统。衡量物流系统运行是否高效,通常用存货周转率这个指标,存货周转率越高说明物流系统的运行越高效。对应存货周转,还有一个指标称为存货周转期,主要是用单位时间除以存货周转率得到,这个单位时间通常是一年。两个指标的公式如下:

$$存货周转率 = 主营业务收入 \div 平均存货成本 \times 100\%$$

$$存货周转期 = 365 天 \div 存货周转率$$

存货周转期是指物流系统的周期,即材料购入后经过仓储,到加工为半成品,再到半成品完工变成产成品,最后到产成品销售出去这个过程的时长。存货周转期越长则创造价值的链条越长,相关产品的单位利润也较高。相反,存货周转期越短,相关产品的单位利润也相对会较低。

你知道生活中的企业存货周转期的情况吗?

存货周转期较长的企业

存货周转期较短的企业

三、资金系统

资金系统包括资金贷款、应收应付和税务利息等（见图4-15），是企业经营循环的主体，视同人体的血液。企业可能不会因为亏损而倒闭，却有可能因为资金断流而倒闭，资金断流也是企业破产的表现。因此企业的资金管理非常重要，财务上专门有一个管理称为资金预算，它是衡量企业战略能否实施的重要检验依据。

图4-15 资金系统

因为资金很重要，所以必须要给予高度关注。企业的资金流既不能太充裕，导致使用效果不高，浪费资金成本。也不能太紧张，面临断流的危险。应对资金流最好的办法就是做好资金预算，明确资金的收入来源，清晰资金的开支项目，提前制订企业的整体资金计划，做好融资策划和相关费用控制。

"通则不痛，痛则不通"，资金在企业内部流动时，会因为各种决策失误导致积压，流动不起来，影响资金使用效率，严重的将影响企业的运营。在企业经营中，要盘活资产，精准预算，提高资金的使用效率，发挥资金的最大价值。

你知道企业的资金容易在哪些环节出现滞留吗？

 **小贴士** 你知道吗？钱可以生钱，并且所生之钱会生出更多的钱，这就是货币时间价值。专家给出的定义：货币的时间价值就是指当前所持有的一定量货币比未来获得的等量货币具有更高的价值。从经济学的角度而言，当前的一单位货币与未来的一单位货币的购买力之所以不同，是因为要节省现在的一单位货币不消费而改在未来消费，则在未来消费时必须有大于一单位的货币可供消费，作为弥补延迟消费的贴水。

活动三　完成企业第六年经营与核算

活动介绍

根据平衡之道的思维，请各团队独立完成企业第六年的经营运行，在运营的过程中深刻体会企业的信息系统、物流系统和资金系统的运作过程，发现自己企业在这三个系统中存在的不足，并制定措施改进不足。

一、年度规划

请总经理根据时空定量 PNF 模型，带领团队讨论今年企业的经营规划，并将讨论的内容填入表 4-65 中。

表 4-65　　　　年度经营规划表（第六年）

P 上一年遗留问题	
N 本年要完成工作	
F 下一年相关计划	

二、投放广告费

请销售经理根据市场的供求情况，填报"广告费用登记表"（见附件 1）中第六年的广告费用。

三、年度经营（第六年）

1. 总经理工作运行进度（见表4-66）

总经理工作运行进度表（第六年）

表4-66　　　　　　　　　　　　　　　_____企业

序号	请**总经理**在方格中根据企业工作进度做好标记（已完成的请打"√"）				
年初	年初现金余额（上一年的年末现金数）				
	提交营销方案/支付广告费				
	参加订货会/登记销售订单				
	支付税金（上一年的所得税）				
1	季初现金盘点（当前余额）				
2	更新贷款/还本付息（先偿还才能再贷款）				
3	申请贷款（每季20万/40万元，全年不超120万元）				
4	购买上一季度订购的原材料并入库				
5	订购下一季度原料订单				
6	更新生产/完工入库				
7	购买新生产线/生产线到位/变卖生产线				
8	开始下一批生产（支付加工费，每件产品1万元）				
9	更新应收款/应收款收现				
10	按订单交货（登记收回的货款收入）				
11	产品研发投资（P2生产资格证研发）				
12	支付行政管理费（每个季度1万元）				
13	其他现金收支情况登记				
14	现金流入合计				
15	现金支出合计（不含广告费支出）				
16	期末现金对账（每季末余额）				
年末	支付违约金				
	支付设备维护费（每条生产线1万元，在建忽略）				
	计提折旧（手工1，自动2，当年建成不用）				
	新市场开拓				
	结账（年末剩余现金数）				

2. 财务经理工作运行进度（见表 4-67）

财务经理工作运行进度表（第六年）

表 4-67　　　　　　　　　　　　＿＿＿＿＿＿＿＿＿＿企业

序号	请财务经理在方格中填写现金收支情况，收入用"＋"表示，支出用"－"表示，没有发生现金收支的打"√"。				
年初	年初现金余额（上一年的年末现金数）				
	提交营销方案/支付广告费				
	参加订货会/登记销售订单				
	支付税金（上一年的所得税）				
1	季初现金盘点（当前余额）				
2	更新贷款/还本付息（先偿还才能再贷款）				
3	申请贷款（每季20万/40万元，全年不超120万元）				
4	购买上一季订购的原材料并入库				
5	订购下一季原料订单				
6	更新生产/完工入库				
7	购买新生产线/生产线到位/变卖生产线				
8	开始下一批生产（支付加工费，每件产品1万元）				
9	更新应收款/应收款收现				
10	按订单交货（登记收回的货款收入）				
11	产品研发投资（P2生产资格证研发）				
12	支付行政管理费（每个季度1万元）				
13	其他现金收支情况登记				
14	现金流入合计				
15	现金支出合计（不含广告费支出）				
16	期末现金对账（每季末余额）				
年末	支付违约金				
	支付设备维护费（每条生产线1万元，在建忽略）				
	计提折旧（手工1，自动2，当年建成不用）				
	新市场开拓				
	结账（年末剩余现金数）				

3. 销售经理工作运行进度（见表 4-68）

销售经理工作运行进度表（第六年）

表 4-68　　　　　　　　　　　　　　　　　　企业

序号	请销售经理完成每一季度的产品销售情况登记工作					
年初	年初现金余额（上一年的年末现金数）					
	提交营销方案/支付广告费					
	参加订货会/登记销售订单					
	支付税金（上一年的所得税）					
1	季初产品盘点（左边代表P1，右边代表P2）					
2	更新贷款/还本付息（先偿还才能再贷款）					
3	申请贷款（每季20万/40万元，全年不超120万元）					
4	购买上一季度订购的原材料并入库					
5	订购下一季度原料订单					
6	更新生产/完工入库（入库数量）					
7	购买新生产线/生产线到位/变卖生产线					
8	开始下一批生产（支付加工费，每件产品1万元）					
9	更新应收款/应收款收现					
10	按订单交货（交货数量）					
11	产品研发投资（P2生产资格证研发）					
12	支付行政管理费（每个季度1万元）					
13	其他现金收支情况登记					
14	本季产品入库合计					
15	本季产品出库合计					
16	本季末产品剩余情况					
年末	支付违约金					
	支付设备维护费（每条生产线1万元，在建忽略）					
	计提折旧（手工1，自动2，当年建成不用）					
	新市场开拓					
	结账（年末剩余现金数）					

4. 生产经理工作运行进度（见表 4-69）

生产经理工作运行进度表（第六年）

表 4-69　　　　　　　　　　　　　　　　＿＿＿＿＿＿＿＿＿＿＿＿＿企业

序号	请生产经理完成每一季度的产品上线与完工情况登记工作								
年初	年初现金余额（上一年的年末现金数）								
	提交营销方案/支付广告费								
	参加订货会/登记销售订单								
	支付税金（上一年的所得税）								
1	季初在产品盘点（左边代表P1，右边代表P2）								
2	更新贷款/还本付息（先偿还才能再贷款）								
3	申请贷款（每季20万/40万元，全年不超120万元）								
4	购买上一季度订购的原材料并入库								
5	订购下一季度原料订单								
6	更新生产/完工入库（下线数量）								
7	购买新生产线/生产线到位/变卖生产线								
8	开始下一批生产（上线数量）								
9	更新应收款/应收款收现								
10	按订单交货（登记收回的货款收入）								
11	产品研发投资（P2生产资格证研发）								
12	支付行政管理费（每个季度1万元）								
13	其他现金收支情况登记								
14	本季在产品上线合计								
15	本季在产品完工合计								
16	本季末在产品剩余情况								
年末	支付违约金								
	支付设备维护费（每条生产线1万元，在建忽略）								
	计提折旧（手工1，自动2，当年建成不用）								
	新市场开拓								
	结账（年末剩余现金数）								

5. 采购经理工作运行进度（见表4-70）

采购经理工作运行进度表（第六年）

表4-70　　　　　　　　　　　　　　　　　　＿＿＿＿＿＿＿＿＿＿＿＿企业

序号	请采购经理完成每一季度的材料采购与使用情况登记工作				
年初	年初现金余额（上一年的年末现金数）				
	提交营销方案/支付广告费				
	参加订货会/登记销售订单				
	支付税金(上一年的所得税)				
1	季初原材料盘点（左边代表R1，右边代表R2）				
2	更新贷款/还本付息（先偿还才能再贷款）				
3	申请贷款（每季20万/40万元，全年不超120万元）				
4	购买上一季度订购的原材料并入库数量				
5	订购下一季度原材料订单数量				
6	更新生产/完工入库				
7	购买新生产线/生产线到位/变卖生产线				
8	开始下一批生产（原材料出库数量）				
9	更新应收款/应收款收现				
10	按订单交货（登记收回的货款收入）				
11	产品研发投资（P2生产资格证研发）				
12	支付行政管理费（每个季度1万元）				
13	其他现金收支情况登记				
14	本季原材料入库情况				
15	本季原材料出库情况				
16	本季末原材料剩余情况				
年末	支付违约金				
	支付设备维护费（每条生产线1万元，在建忽略）				
	计提折旧（从净值里取，手工1，自动2）				
	新市场开拓				
	结账（年末剩余现金数）				

四、年度核算

年度核算有关表单如表4-71至表4-75所示。

表4-71　　　　　　　　　　订单登记表（第六年）

订单号									合计
市场									
产品									
数量									
账期									
销售额									
成本									
毛利									
未售									

表4-72　　　　　　　　　　产品核算统计表（第六年）

项目＼产品	P1	P2	合计
数量			
销售额			
成本			
毛利			

表4-73　　　　　　　　综合管理费用明细表　　　　　　　　　单位：万元

项目	金额	备注
管理费		每季度1万元，一年4万元
广告费		根据年初实际投放的广告数确定
维修费		每条已建成生产线1万元
市场准入开拓费		开发区域市场证的费用
产品研发费		研发P2生产资格证的费用
其他费用		交易损失、违约金、其他损失
合计		

表 4-74　　　　　　　　　　　　　利润表（第六年）　　　　　　　　　　　　单位：万元

项目	算符	上年数	本年数
营业收入			
营业成本	-		
毛利	=		
综合管理费用	-		
折旧	-		
财务费用	-		
其他收入	+/-		
税前利润	=		
所得税费用	-		
净利润	=		

表 4-75　　　　　　　　　　　　资产负债表（第六年）　　　　　　　　　　　单位：万元

资产	期初数	期末数	负债和所有者权益	期初数	期末数
流动资产：			负债：		
库存现金			银行贷款		
应收账款					
在制品			应交所得税		
产成品					
原材料					
流动资产合计			负债合计		
固定资产：			所有者权益：		
企业厂房			股东资本		
生产设备			利润留存		
在建工程			年度净利		
固定资产合计			所有者权益合计		
资产总计			负债和所有者权益总计		

活动四　企业信息收集与团队总结

活动介绍

请对第六年的模拟经营进行回顾和总结，进一步理解企业的信息系统、物流系统和资金系统，以及它们之间的协同关系。利用"平衡之道"思维回顾一下自己的岗位工作，是否做到了三个系统的和谐发展。

一、收集行业信息

请各企业根据市场发布的信息和企业实物盘面，收集同行信息填至表4-76中，用于调整本企业年度策略。

表4-76　　　　　　　　同行企业信息收集表（第六年）

第一组		第二组	
年末资金		年末资金	
生产线		生产线	
证件开发		证件开发	
其他		其他	
第三组		第四组	
年末资金		年末资金	
生产线		生产线	
证件开发		证件开发	
其他		其他	
第五组		第六组	
年末资金		年末资金	
生产线		生产线	
证件开发		证件开发	
其他		其他	
第七组		第八组	
年末资金		年末资金	
生产线		生产线	
证件开发		证件开发	
其他		其他	

二、技能点思考

利用"平衡之道"分析自己岗位的工作内容	
信息流、资金流、物流需要协同发展，企业才能健康成长，三个流程贯穿整个企业运营过程，涉及每个岗位的具体工作。请各岗位人员思考，你的岗位工作对应信息流、资金流和物流都包括哪些内容？都有哪些贡献？	
流程项目	你的岗位（　　）
信息流	工作内容： 价值贡献：
资金流	工作内容： 价值贡献：
物流	工作内容： 价值贡献：

三、年度小结

第六年　思考与探索

姓名：＿＿＿＿＿＿　　学号：＿＿＿＿＿＿　　组别：＿＿＿＿＿＿

一、主题分享	通过本模块你学习到了什么？
二、复盘总结	在本模块的学习中，你的表现如何？其中你的亮点是什么？有什么不足之处？
三、改进策略	针对本模块的内容，请从"平衡之道"的角度说说你的亮点如何加强？存在的不足如何改进？
四、重点关注	企业经营的三个流程是什么？尝试说明缺少某一个流程，企业将面临什么样的问题？
五、下期计划	你需要进一步了解或解决的问题是什么？下期你的工作计划如何？对团队的工作计划有什么建议？

模块五

探悟本质　面向未来

▶▶▶ 场景化企业模拟经营

情境导航

人的幸福本质不在于可见的财富的富足，
而在于内在的不可见的思想的完美与丰富。
经营者除了具备学识、品德外，
还要全心投入、随时反省，才能领悟经营要诀，结出美好的果实。
经过这段时间的体验，你是否感觉成长了？
你的积累，你的感悟，是驱使你前行的动力。
把握此刻，看见未来。
促进自我了解，自我定位、自我成长及自我实现，
这是我们的最终目标。

模块五 探悟本质 面向未来

活动一 复盘回看 总结过去

活动介绍

模拟对抗的过程是热闹的,大家在模拟对抗中都发挥了潜力。但模拟对抗从来不是目的,真正的收获与提高是在模拟对抗后的分析、评价和交流,及时认真地总结和反思是必要的。

一、企业经营分析

作为一个"清醒"的企业经营者,不仅要知道企业经营的结果是什么,还要知道为什么以及下一步如何做,这样方能使企业的经营"告别瞎忙的日子,实现业绩的增长"。经营分析正是解决上述难题的利器。所谓经营分析,就是企业经营团队通过对阶段性的关键经营结果进行对比分析,从而识别机会和业绩等方面的差距,探究背后原因,共创共识改进策略和行动计划,然后执行及监控,最终促进经营目标的达成(见图5-1)。

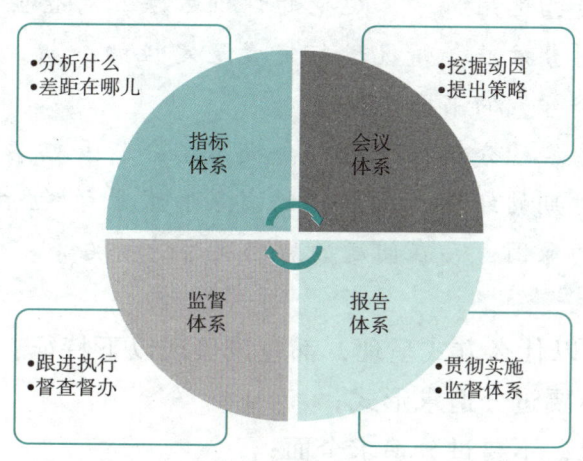

图5-1 企业经营结果对比分析

小贴士 总结是为了更好地砥砺前行。及时地总结复盘、提炼经验,就能避免在同一个地方摔倒两次。企业在发展过程中需要及时进行全面分析,积累形成的宝贵实战经验,充分查找工作中存在的短板和不足,认真总结反思,及时加以改进,形成有章可循的经营指南。这些经营指南对企业来说是一笔宝贵的财富。

151

如何有效地开展经营分析？

企业可以从以下四个步骤构建企业经营分析框架：

第一步，使用经营分析指标进行分析。落实分析什么、差距在哪儿。

第二步，建立经营分析的会议制度。如开展研讨会，明确发起人、组织者、参与者、主持人等。

第三步，形成经营报告。总结报告贯彻实施。

第四步，落实监督与评价。

企业经营分析报告是企业经营分析的最终呈现形式，如果经营分析所选取的指标很明确、分析会议讨论得也很具体，那么撰写经营分析报告的素材就会很充分。经营分析报告按编写的内容可以划分为以下几种：

（1）综合分析报告，即对企业整体运营状况的成果和原因进行分析评价。

（2）专项分析报告，即对企业运营某一领域或业务流程的分析评价，如财务分析报告、销售分析报告、运营分析报告等。

（3）项目分析报告，是一种表达了项目评估和实施过程以及结果的文件，用于支持项目决策。例如，针对某一新产品或促销活动的分析报告。

小贴士

企业经营分析报告是企业管理和企业经营活动评价的一个重要环节。它是指运用科学、规范的评价方法，对企业一定经营期间的资产运营、财务效益等情况进行定量及定性的分析，做出真实、客观、公正的综合评判的书面文件。

企业经营分析报告通常会提出、分析和回答一些基本问题：企业在一定时期的经营活动取得的成果、成果的绝对水平和相对水平、取得成果的原因、存在问题的原因及改进措施等。

经营分析报告无论以什么方式呈现，都应该呈现以下特征：

（1）重在有用，不要过分追求形式；

（2）抓住主要需求，不要过分追求全面；

（3）对比分析差距，明确改进方向和目标；

（4）探究数字背后的原因，但不要过于纠结，重在解决方案；

（5）最终的目的是促成行动，形成计划、明确责任人等。

你的企业经营情况如何呢？请你尝试填写表5-1的内容，完成本企业的经营分析报告。

表 5-1　　　　　　　　　　　企业经营分析报告

组别：＿＿＿＿＿＿＿＿　　　企业名称：＿＿＿＿＿＿＿＿

经营成果总述		
主要指标与指标完成情况		
主要指标	现实情况	原因及分析
市场占有		
产品销售		
产品生产		
原料采购		
固定投资		
财务指标		
建议与措施		
教师点评		

二、团队合作及个人表现点评

请填写企业经营战略点评及个人表现总结（见表 5-2）。

表 5-2　　　　企业经营战略点评及个人表现总结

班级		姓名	
组别		企业名称	
学号		岗位	
项目		总结及点评	

项目	总结及点评
企业战略布局评价 1. 你对企业的战略布局满意吗？ 2. 贵企业的战略中有哪些优点和不足？ 3. 经过模拟运营，你对企业的战略布局有何改进措施和建议？	
岗位任职能力评价 1. 你的岗位是哪个？ 2. 你任职的岗位工作重点是什么？ 3. 你的职业能力发挥得怎么样？	
团队协作情况评价 1. 你所在的团队合作分工情况如何？你对本团队的合作氛围满意吗？ 2. 你与团队配合情况如何？你对自己在团队中的表现满意吗？ 3. 你对此次团队合作进行企业模拟经营有什么想法和建议？	

续表

项目	总结及点评
综合素养和知识点掌握 1. 你在此次企业模拟经营中学会了什么知识与技能？ 2. 经过本课程学习，你的哪些能力得到了提升？目前还需要提升哪些方面的能力？你将如何规划这些能力提升？	
其他 1. 此次课程中，你印象最深刻的是什么？为什么？ 2. 你认为本课程中较难掌握的内容是什么？你有什么建议？	

小贴士

企业的成长离不开良好的战略布局，更离不开每一位员工的努力和汗水。对于企业的员工来说，企业是一艘船，是谋生和发展的地方，个人的成长与企业的发展密不可分。

因此，作为企业中的一员，无论你是部门经理还是技术开发人员，无论你是会计、业务员、图书馆管理员，还是司机，哪怕你只是一个清洁工，如果你还在企业的船上，就必须和你的企业一起启航。只有这样，整个团队才能到达成功的彼岸。

活动二　回归本质　面向未来

> **活动介绍**
> 模拟对抗带给我们的职位体验、思路启发、智慧启迪及人生感悟，这是我们收获的硕果。笔记是最有效的记录方式，它记录你的发现，你的成长、你的感悟，把它们收集起来（见表5-3），这是你的财富，值得你永久收藏。

表 5-3　　　　　　收获及感悟报告

班级		姓名	
组别		企业名称	
学号		岗位	
题目			
报告摘要			
正文			
教师评价			

备注及要求：请写出不少于300字的收获报告，题目自拟，内容可以从以下类别中选择。
1. 场景化企业模拟经营中的专业素养、知识拓展；
2. 能力方面的锻炼，如辩证思维、发现问题及解决问题的能力、实践及动手能力等；
3. 综合素质方面的提升，如职业定位、价值观、沟通、思想、情感、意志力、人生感悟、团队合作、共赢意识、诚信意识等。

附 录

附件1　企业广告费用登记表

_____企业广告费用登记表

第一年	产品	本地市场	区域市场	广告费合计：（　　）万元
	P1			
	P2			

第二年	产品	本地市场	区域市场	广告费合计：（　　）万元
	P1			
	P2			

第三年	产品	本地市场	区域市场	广告费合计：（　　）万元
	P1			
	P2			

第四年	产品	本地市场	区域市场	广告费合计：（　　）万元
	P1			
	P2			

第五年	产品	本地市场	区域市场	广告费合计：（　　）万元
	P1			
	P2			

第六年	产品	本地市场	区域市场	广告费合计：（　　）万元
	P1			
	P2			

附件2　运行记录表

_____企业

序号	请总经理在方格中根据企业工作进度做好标记（已完成的请打"√"）				
年初	年初现金余额（上一年的年末现金数）				
	提交营销方案/支付广告费				
	参加订货会/登记销售订单				
	支付税金（上一年的所得税）				
1	季初现金盘点（当前余额）				
2	更新贷款/还本付息（先偿还才能再贷款）				
3	申请贷款（每季20万/40万元，全年不超120万元）				
4	购买上一季度订购的原材料并入库				
5	订购下一季度原料订单				
6	更新生产/完工入库				
7	购买新生产线/生产线到位/变卖生产线				
8	开始下一批生产（支付加工费，每件产品1万元）				
9	更新应收款/应收款收现				
10	按订单交货（登记收回的货款收入）				
11	产品研发投资（P2生产资格证研发）				
12	支付行政管理费（每个季度1万元）				
13	其他现金收支情况登记				
14	现金流入合计				
15	现金支出合计（不含广告费支出）				
16	期末现金对账（每季末余额）				
年末	支付违约金				
	支付设备维护费（每条生产线1万元，在建忽略）				
	计提折旧（手工1，自动2，当年建成不用）				
	新市场开拓				
	结账（年末剩余现金数）				

_____企业

序号					
	请财务经理在方格中填写现金收支情况，收入用"+"表示，支出用"-"表示，没有发生现金收支的打"√"。				
年初	年初现金余额（上一年的年末现金数）				
	提交营销方案/支付广告费				
	参加订货会/登记销售订单				
	支付税金（上一年的所得税）				
1	季初现金盘点（当前余额）				
2	更新贷款/还本付息（先偿还才能再贷款）				
3	申请贷款（每季20万/40万元，全年不超120万元）				
4	购买上一季度订购的原材料并入库				
5	订购下一季度原料订单				
6	更新生产/完工入库				
7	购买新生产线/生产线到位/变卖生产线				
8	开始下一批生产（支付加工费，每件产品1万元）				
9	更新应收款/应收款收现				
10	按订单交货（登记收回的货款收入）				
11	产品研发投资（P2生产资格证研发）				
12	支付行政管理费（每个季度1万元）				
13	其他现金收支情况登记				
14	现金流入合计				
15	现金支出合计（不含广告费支出）				
16	期末现金对账（每季末余额）				
年末	支付违约金				
	支付设备维护费（每条生产线1万元，在建忽略）				
	计提折旧（手工1，自动2，当年建成不用）				
	新市场开拓				
	结账（年末剩余现金数）				

_____企业

序号						
年初	请销售经理完成每一季度的产品销售情况登记工作					
	年初现金余额（上一年的年末现金数）					
	提交营销方案/支付广告费					
	参加订货会/登记销售订单					
	支付税金(上一年的所得税)					
1	季初产品盘点（左边代表P1，右边代表P2）					
2	更新贷款/还本付息（先偿还才能再贷款）					
3	申请贷款（每季20万/40万元，全年不超120万元）					
4	购买上一季度订购的原材料并入库					
5	订购下一季度原料订单					
6	更新生产/完工入库（入库数量）					
7	购买新生产线/生产线到位/变卖生产线					
8	开始下一批生产（支付加工费，每件产品1万元）					
9	更新应收款/应收款收现					
10	按订单交货（交货数量）					
11	产品研发投资（P2生产资格证研发）					
12	支付行政管理费（每个季度1万元）					
13	其他现金收支情况登记					
14	本季产品入库合计					
15	本季产品出库合计					
16	本季末产品剩余情况					
年末	支付违约金					
	支付设备维护费（每条生产线1万元，在建忽略）					
	计提折旧（手工1，自动2，当年建成不用）					
	新市场开拓					
	结账（年末剩余现金数）					

_____企业

序号									
	请生产经理完成每一季度的产品上线与完工情况登记工作								
年初	年初现金余额（上一年的年末现金数）								
	提交营销方案/支付广告费								
	参加订货会/登记销售订单								
	支付税金(上一年的所得税)								
1	季初在产品盘点（左边代表P1，右边代表P2）								
2	更新贷款/还本付息（先偿还才能再贷款）								
3	申请贷款（每季20万/40万元，全年不超120万元）								
4	购买上一季度订购的原材料并入库								
5	订购下一季度原料订单								
6	更新生产/完工入库（下线数量）								
7	购买新生产线/生产线到位/变卖生产线								
8	开始下一批生产（上线数量）								
9	更新应收款/应收款收现								
10	按订单交货（登记收回的货款收入）								
11	产品研发投资（P2 生产资格证研发）								
12	支付行政管理费（每个季度1万元）								
13	其他现金收支情况登记								
14	本季在产品上线合计								
15	本季在产品完工合计								
16	本季末在产品剩余情况								
年末	支付违约金								
	支付设备维护费（每条生产线1万元，在建忽略）								
	计提折旧（手工1，自动2，当年建成不用）								
	新市场开拓								
	结账（年末剩余现金数）								

_____企业

序号					
年初	请采购经理完成每一季度的材料采购与使用情况登记工作				
	年初现金余额（上一年的年末现金数）				
	提交营销方案/支付广告费				
	参加订货会/登记销售订单				
	支付税金(上一年的所得税)				
1	季初原材料盘点（左边代表R1，右边代表R2）				
2	更新贷款/还本付息（先偿还才能再贷款）				
3	申请贷款（每季20万/40万元，全年不超120万元）				
4	购买上一季订购的原材料并核算入库数量				
5	核算下一季原材料订单数量				
6	更新生产/完工入库				
7	购买新生产线/生产线到位/变卖生产线				
8	开始下一批生产（原材料出库数量）				
9	更新应收款/应收款收现				
10	按订单交货（登记收回的货款收入）				
11	产品研发投资（P2 生产资格证研发）				
12	支付行政管理费（每个季度1万元）				
13	其他现金收支情况登记				
14	本季原材料入库情况				
15	本季原材料出库情况				
16	本季末原材料剩余情况				
年末	支付违约金				
	支付设备维护费（每条生产线1万元，在建忽略）				
	计提折旧（从净值里取，手工1，自动2）				
	新市场开拓				
	结账（年末剩余现金数）				

订单登记表

订单号									合计
市场									
产品									
数量									
账期									
销售额									
成本									
毛利									
未售									

产品核算统计表

项目 \ 产品	P1	P2	合计
数量（件）			
销售额（万元）			
成本（万元）			
毛利（万元）			

综合管理费用明细表　　　　　　　　　　　　　　　单位：万元

项目	金额	备注
管理费		每季度1万元，一年4万元
广告费		根据年初实际投放的广告数确定
维修费		每条已建成生产线1万元
市场准入开拓费		开发区域市场证的费用
产品研发费		研发P2生产资格证的费用
其他费用		交易损失、违约金、其他损失
合计		

利润表　　　　　　　　　　　　　　　　　　　　单位：万元

项目	算符	上年数	本年数
营业收入			
营业成本	−		
毛利	=		
综合管理费用	−		
折旧	−		
财务费用	−		
其他收入	+／−		
税前利润	=		
所得税费用	−		
净利润	=		

资产负债表　　　　　　　　　　　　　　　　　　单位：万元

资产	期初数	期末数	负债和所有者权益	期初数	期末数
流动资产：			负债：		
库存现金			银行贷款		
应收账款					
在制品			应交所得税		
产成品					
原材料					
流动资产合计			负债合计		
固定资产：			所有者权益：		
企业厂房			股东资本		
生产设备			利润留存		
在建工程			年度净利		
固定资产合计			所有者权益合计		
资产总计			负债和所有者权益总计		

附件3　个人实力榜

个人实力榜

企业名称：_____　　姓名：_____　　职位：_____

职位	工作任务	标准要求	经验值提升（摘星数量）						合计
			第1年	第2年	第3年	第4年	第5年	第6年	
总经理	1. 制定经营策略	每项工作任务完成较好的得两颗星，一般的得一颗星，较差的不得星	☆☆	☆☆	☆☆	☆☆	☆☆	☆☆	共获____颗星
	2. 实施经营计划		☆☆	☆☆	☆☆	☆☆	☆☆	☆☆	
	3. 完成内部考核		☆☆	☆☆	☆☆	☆☆	☆☆	☆☆	
	4. 调动团队有序开展工作		☆☆	☆☆	☆☆	☆☆	☆☆	☆☆	
财务经理	1. 制订财务计划	每项工作任务完成较好的得两颗星，一般的得一颗星，较差的不得星	☆☆	☆☆	☆☆	☆☆	☆☆	☆☆	共获____颗星
	2. 筹集资金与还款		☆☆	☆☆	☆☆	☆☆	☆☆	☆☆	
	3. 定期现金收支盘点		☆☆	☆☆	☆☆	☆☆	☆☆	☆☆	
	4. 完成资金核算与财务报告		☆☆	☆☆	☆☆	☆☆	☆☆	☆☆	
采购经理	1. 制订采购计划	每项工作任务完成较好的得两颗星，一般的得一颗星，较差的不得星	☆☆	☆☆	☆☆	☆☆	☆☆	☆☆	共获____颗星
	2. 完成原材料预订		☆☆	☆☆	☆☆	☆☆	☆☆	☆☆	
	3. 完成材料采购、结算		☆☆	☆☆	☆☆	☆☆	☆☆	☆☆	
	4. 原材料库数据统计与分析		☆☆	☆☆	☆☆	☆☆	☆☆	☆☆	
生产经理	1. 制订生产计划	每项工作任务完成较好的得两颗星，一般的得一颗星，较差的不得星	☆☆	☆☆	☆☆	☆☆	☆☆	☆☆	共获____颗星
	2. 按计划组织生产		☆☆	☆☆	☆☆	☆☆	☆☆	☆☆	
	3. 管理与统计产成品		☆☆	☆☆	☆☆	☆☆	☆☆	☆☆	
	4. 生产线购买和变卖情况		☆☆	☆☆	☆☆	☆☆	☆☆	☆☆	
销售经理	1. 投放广告费	每项工作任务完成较好的得两颗星，一般的得一颗星，较差的不得星	☆☆	☆☆	☆☆	☆☆	☆☆	☆☆	共获____颗星
	2. 抢占市场订单		☆☆	☆☆	☆☆	☆☆	☆☆	☆☆	
	3. 销售产品、收回账款		☆☆	☆☆	☆☆	☆☆	☆☆	☆☆	
	4. 分析市场，制订销售计划		☆☆	☆☆	☆☆	☆☆	☆☆	☆☆	
财务助理	1. 协助制订财务计划	每项工作任务完成较好的得两颗星，一般的得一颗星，较差的不得星	☆☆	☆☆	☆☆	☆☆	☆☆	☆☆	共获____颗星
	2. 协助筹资与还款		☆☆	☆☆	☆☆	☆☆	☆☆	☆☆	
	3. 协助现金收支盘点		☆☆	☆☆	☆☆	☆☆	☆☆	☆☆	
	4. 协助资金核算与财务报告		☆☆	☆☆	☆☆	☆☆	☆☆	☆☆	
销售助理	1. 协调日常运营活动	每项工作任务完成较好的得两颗星，一般的得一颗星，较差的不得星	☆☆	☆☆	☆☆	☆☆	☆☆	☆☆	共获____颗星
	2. 监督盘面运行		☆☆	☆☆	☆☆	☆☆	☆☆	☆☆	
	3. 收集竞争对手情报		☆☆	☆☆	☆☆	☆☆	☆☆	☆☆	
	4. 协助CEO控制企业运行		☆☆	☆☆	☆☆	☆☆	☆☆	☆☆	

备注：各岗位通过完成任务来获取经验值，请根据岗位的任务完成标准给予相应的"☆"，并在对应数量的星号里涂上颜色。摘星数量越多代表经验值越高，每获得6颗星，职位晋升一级，职位晋升路径见商战人才榜。

附件4 商战人才榜

商战人才榜（个人级别晋升）

企业名称：_____　　姓名：_____　　职位：_____

级别	商业小白	商界新秀	商界精英	商界达人	行业大亨	商界权威	商界首脑	至尊王者
摘星达标数量	0~6	7~12	13~18	19~24	25~30	31~36	37~42	43~48
当前摘星数量	(　)	(　)	(　)	(　)	(　)	(　)	(　)	(　)
第一年	☐	☐	☐	☐	☐	☐	☐	☐
第二年	☐	☐	☐	☐	☐	☐	☐	☐
第三年	☐	☐	☐	☐	☐	☐	☐	☐
第四年	☐	☐	☐	☐	☐	☐	☐	☐
第五年	☐	☐	☐	☐	☐	☐	☐	☐
第六年	☐	☐	☐	☐	☐	☐	☐	☐

备注：请在获得的级别方框中打"√"。

附件5　商业竞争力排行榜

商业竞争力排行榜（团队商战积分）

企业名称：＿＿＿＿＿＿　　　团队负责人：＿＿＿＿＿＿

年份＼项目	赚钱榜（经营利润排名）			积分榜（团队积分排名）		
	利润留存	利润排名	排名分析	累计积分	积分排名	排名分析
第一年						
第二年						
第三年						
第四年						
第五年						
第六年						

备注：本表分为两项：经营利润排名及团队积分排名。"经营利润排名"共设三栏，"利润留存"填写本企业当前年份的利润留存金额；"利润排名"填写当前年份本企业排名；"排名分析"填写本企业的排名进退情况，并作简单分析。"团队积分排名"记录本企业团队综合累计积分，当年排名第一名积6分，第二名积5分以此类推，第六名积1分，每年按照累计积分做排名及排名分析。